초보자가 꼭 배우는

독학
일본어 첫걸음

개정판

초보자가 꼭 배우는
독학 일본어첫걸음 개정판

2008년 11월 10일 초판 1쇄 펴냄
2024년　1월 17일 개정 2쇄 펴냄

지은이 국제어학연구소 일본어학부
감수 한정화

펴낸이 이규인
펴낸곳 국제어학연구소 출판부

출판등록 2010년 1월 18일 제302-2010-000006호
주소 서울특별시 마포구 대흥로4길 49, 1층(용강동 월명빌딩)
Tel (02) 704-0900　**팩시밀리** (02) 703-5117
e-mail changbook1@hanmail.net
홈페이지 www.bookcamp.co.kr

ISBN 979-11-9792040-0 13730
정가 16,800원

초보자가 꼭 배우는

독학
일본어 첫걸음

개정판

국제어학연구소 일본어학부 **엮음**
한정화 **감수**

ILR 국제어학연구소

이 책의 구성

본 교재는 일본어 문자와 발음, 펜맨십, 그리고 회화를 한 권으로 엮어 가장 손쉽고 빠르게 일본어를 익힐 수 있도록 구성하였다.

문형을 익혀요

그 과에서 집중적으로 배울 기본 문형을 실어 전체적인 윤곽을 미리 파악할 수 있도록 하였다.

자신있게 얘기해요

기본 문형을 토대로 실생활에서 가장 손쉽게 접하는 상황을 엮어 회화를 자연스럽게 익히도록 하였다.

문법으로 익혀요

문법을 알고 나면 보다 더 말이 쉬워진다. 자세하고 쉽게 설명을 하여 학습에 도움이 되도록 하였다.

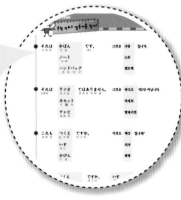

문형 익히고 일본어를 쉽게

어느 나라 언어든 일정한 룰은 있게 마련이다. 이러한 패턴을 익힘으로 해서 귀가 뚫리고 입이 열리게 하였다.

이 표현만은 꼭 외워요

가장 간단한, 완벽한 일본어가 아니더라도 한 마디, 두 마디 꼭 익히면 유익한 표현만을 실어놓았다.

일본어 문자와 발음, 펜맨십을 마스터하셨다면 당신도 일본어에 있어서 첫걸음
은 뗀 것이다. 이제 한걸음 더 가까이 가 본격적인 회화를 익혀보자.

재미있는 의성어·의태어

복잡한 회화가 싫다면 소리나 모양을 본떠서 만든 의성어·
의태어를 익혀 사용해 보자. 일본어가 쉽게 느껴질 것이다.

관용어구로 익혀요

그 나라만의 느낌을 알 수 있는 관습적인 표현들을 모았다.
이런 표현을 익혀 회화에 응용하면 대화가 보다 더 풍부해질
것이다.

쉽게 익히는 생활용어

언어를 익힐 때 많은 단어를 알고 사용할 수 있다는 것은 큰 힘
이다. 주제별로 실생활에서 많이 쓰는 단어들을 모아놓았다.

확인해 보아요

이제 한 과를 모두 끝내셨군요.
얼마나 일본어가 가까워졌는지 확인해 보세요.
좀 부족하다면 다시 한 번 보시구요.

쉬엄쉬엄 보아요

지금까지 공부하느라 수고하셨습니다. 일본 문화도
살짝 엿보고 지나갈까요.

머리말

흔히들 일본어는 가장 배우기 쉬운 외국어라고 생각한다. 하지만 과연 그럴까? 우리 주변에 일본어를 유창하게 하는 이들이 일본어를 시도하는 사람만큼 그 수가 많을까!? 이쯤 되면 '그래, 의외로 일본어를 하는 사람이 그렇게 많지는 않구나.'하는 생각이 들 것이다.

그렇다. 아무리 쉬워 보이는 언어일지라도 외국어는 외국어이다. 언어는 사물과 행동에 대한 인간의 감정은 물론 각종 의사 표현을 대체하는 총체적 수단이다. 현대화가 되면 될수록 복잡한 일도 많아지고 새로운 것들도 하루가 무섭게 쏟아져 나오는데 언어 또한 말해 무엇하랴.

일본어를 예전에 접해본 분들도 계실 것이고, 개개인의 목적에 의해 처음으로 학습하려는 독자분들도 있을 줄 안다. (요즈음은 시험이나 취업을 위한 학습을 위해서만이 아닌 문화 습득을 위해 일본어를 배우는 분들도 많아져서 참으로 고무적인 일이라 할 수 있다)

일본어는 우리말과 같은 어순과 한자를 쓰고 있기 때문에 만만해 보인다. 하지만 이 한자라는 녀석 때문에 한 번 울고, 방대한 어휘에 두 번 울고 관용어와 신조어 사이에서 어쩔 줄 몰라 한다.

언어 습득에는 왕도는 있을 수 없다. 그저 지치지 말고 차근차근 꾸준히 즐거운 마음으로 다가가다 보면 어느 순간 멀리 와있음을 느끼게 될 것이다. 물론 말하기, 듣기, 읽기, 쓰기 등의 네 가지 영역 모두 다이긴 하지만 말이다. 일본어는 특히 듣기 영역이 힘들므로 교재 이외에도 요즈음은 일본방송을 쉽게 볼 수 있으므로 듣기 연습을 많이 해보도록 한다. 자막은 가리고 말이다.

아무튼 이 책은 일본어를 처음으로 시작하려는 분들의 어려운 점을 십분 고려하여 기초부터 차근차근 익히도록 하였으며, 언어적 환경이 아닌 곳의 학습자들을 위해 체계적으로 접근이 가능하도록 하였다.

특히 일본 문자의 기틀인 가나 학습에 많은 지면을 활용, 충분한 연습이 이루어질 수 있게 하였고, 미처 문자 습득을 하지 못한 분들을 위해 문장에 독음을 달았다. 그러나 한글 독음은 일본어 학습을 위한 것에 지나지 않으므로 정확한 발음은 MP3 파일을 들으면 효과적으로 학습할 수 있다.

해설은 간결하고 쉽게, 회화 연습은 물론 각종 생활 어휘와 연습해 볼 수 있는 코너도 마련하였다.

아무쪼록 이 책이 여러분의 일본어 습득에 많은 도움이 되길 바라며 책이 나오기까지 애써주신 모든 분들에게 감사드린다.

Contents

차 례

Contents

あいうえおかき
くけこさし す

일본어 문자와 발음

일본의 문자

현재 일본에서 사용되고 있는 문자로는 ひらがな, カタカナ, 漢字, 세 종류의 글자를 혼용하고 있다. 그러면 이 세 종류의 글자에 관해 간략하게 설명하고 넘어가겠다.

① **ひらがな** 히라가나

ひらがな 히라가나는 平安 헤·안 시대 귀족 여성들이 한자를 간략화해 만들어낸 쉬운 글자이다.
주로 여성들이 사용하였다 하여 「여성글자」라고 했으나 현대에 와서는 인쇄, 필기 등 모든 경우에 걸쳐 광범위하게 쓰이고 있다.

② **カタカナ** 가타카나

カタカナ 가타카나는 옛 승려들이 불전을 표기할 때 한자의 획 일부분을 따 간단하게 약기호로 만들어 쓴 글자이다. 현대에 와서는 외래어, 전보문, 의성어·의태어, 인명·지명, 동물·식물명 등에 사용하고 있으며 점점 더 사용도와 중요성이 커지고 있다.

> ※ **カタカナ** 가타카나를 반드시 사용해야 하는 경우
> 외래어 표기, 전보문, 법령
>
> 강조 효과를 위해 사용하는 경우
> 인명, 지명, 의성·의태어, 동물·식물명 등

③ **漢字** 〔かんじ〕 칸지

新字를 쓰고 있으며 초등학교(소학교:일본) 996자, 중학교 949자, 총 1945자를 상용한자로 택해 교육을 하고 있다.

단 행	あ	い	う	え	お
あ	あ 아[a] あし 발, 다리	い 이[i] いす 의자	う 우[u] うで 팔	え 에[e] えび 새우	お 오[o] おちゃ 차(녹차)
か	か 카[ka] かさ 우산	き 키[ki] き 나무	く 쿠[ku] くつ 구두	け 케[ke] けしゴム 지우개	こ 코[ko] こむぎ 밀
さ	さ 사[sa] さら 접시	し 시[si] しんぶん 신문	す 스[su] くすり 약	せ 세[se] せんせい 선생님	そ 소[so] そつぎょう 졸업
た	た 타[ta] たまご 알	ち 치[chi] ちち 아빠	つ 츠[tsu] つくえ 책상	て 테[te] て 손	と 토[to] とら 호랑이
な	な 나[na] なつ 여름	に 니[ni] にく 고기	ぬ 누[nu] いぬ 개	ね 네[ne] ねこ 고양이	の 노[no] のこ 톱
は	は 하[ha] はな 꽃	ひ 히[hi] ひ 불	ふ 후[hu] ふゆ 겨울	へ 헤[he] へや 방	ほ 호[ho] ほん 책
ま	ま 마[ma] まど 창	み 미[mi] みみ 귀	む 무[mu] むすこ 아들	め 메[me] め 눈	も 모[mo] もも 복숭아
や	や 야[ya] やま 산		ゆ 유[yu] ゆび 손가락		よ 요[yo] よる 밤
ら	ら 라[ra] からす 까마귀	り 리[ri] りす 다람쥐	る 루[ru] くるま 자동차	れ 레[re] れいぞうこ 냉장고	ろ 로[ro] せびろ 신사복
わ	わ 와[wa] わらい 웃음				を 오[wo] 조사
	ん 응[ŋ] でんわ 전화				

행\단	ア	イ	ウ	エ	オ
ア	ア 아[a] アイロン 다리미	イ 이[i] インク 잉크	ウ 우[u] ウイスキー 위스키	エ 에[e] エアコン 에어컨	オ 오[o] オレンジ 오렌지
カ	カ 카[ka] カクテル 칵테일	キ 키[ki] キリン 기린	ク 쿠[ku] クッション 쿠션	ケ 케[ke] ケーキ 케이크	コ 코[ko] コンピューター 컴퓨터
サ	サ 사[sa] サッカー 축구	シ 시[si] システム 시스템	ス 스[su] スピーカー 스피커	セ 세[se] セーター 스웨터	ソ 소[so] ソファー 소파
タ	タ 타[ta] ダイビング 다이빙	チ 치[chi] チェーン 체인	ツ 츠[tsu] ツーピース 투피스	テ 테[te] テレビ 텔레비전	ト 토[to] トースター 토스터
ナ	ナ 나[na] ナース 간호사	ニ 니[ni] テニス 테니스	ヌ 누[nu] ヌード 누드	ネ 네[ne] ネクタイ 넥타이	ノ 노[no] ノート 노트
ハ	ハ 하[ha] ハム 햄	ヒ 히[hi] ハイヒール 하이힐	フ 후[hu] フライパン 프라이팬	ヘ 헤[he] ヘアバンド 헤어밴드	ホ 호[ho] ホット 뜨거움
マ	マ 마[ma] マイク 마이크	ミ 미[mi] ミルク 우유	ム 무[mu] けしゴム 지우개	メ 메[me] メロン 멜론	モ 모[mo] コスモス 코스모스
ヤ	ヤ 야[ya] ヤング 어린, 젊은		ユ 유[yu] ユーターン 유턴		ヨ 요[yo] ヨット 요트
ラ	ラ 라[ra] ライター 라이터	リ 리[ri] リボン 리본	ル 루[ru] ルーム 룸, 방	レ 레[re] レモン 레몬	ロ 로[ro] ロボット 로봇
ワ	ワ 와[wa] ワイン 와인				ヲ 오[wo]
ン	ン 응[ŋ] レーンコート 레인코트				

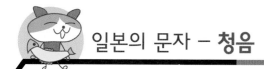

일본의 문자 – 청음

청음이란? 앞페이지의 かな처럼 그 옆에 「ﾞ」나 「ﾟ」같은 표시가 달리지 않은 글자로 성대의 진동이 없는 맑은 소리를 말한다.

あ행	あ	い	う	え	お
	[a] 아	[i] 이	[u] 우	[e] 에	[o] 오

▶ **발음 설명**

우리말의 「아·이·우·에·오」와 거의 비슷하다.

주의 : う[u]: 「으」와 「우」의 중간 발음, 입술을 내밀지 말고 발음해야 한다.

예 **あい** 아이 사랑   **いえ** 이에 집

うお 우오 물고기   **おい** 오이 조카

쓸 때는 이런 점에 주의하세요.

い: 서로 마주보고 대칭이 되게, 오른쪽이 길면 안된다.   う: 위의 획과 서로 맞닿아선 안된다.

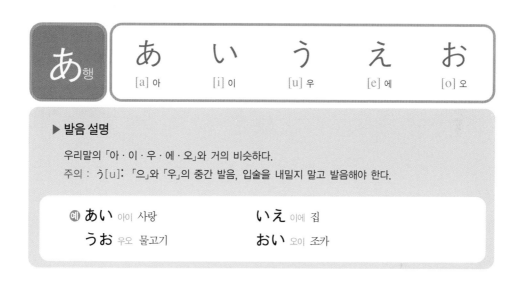

	필순	쓰기 연습
あ 아	一 十 あ	あ あ
い 이	い い	い い
う 우	` う	う う
え 에	` う え	え え
お 오	一 お お	お お

15

일본의 문자 – **청음**

ア행	ア	イ	ウ	エ	オ
	[a] 아	[i] 이	[u] 우	[e] 에	[o] 오

예 **エア** 에아 공기   **アイスクリーム** 아이스꾸리-무 아이스크림

インク 잉꾸 잉크   **オイル** 오이루 오일(oil ; 석유)

エスキモー   オレンジ   アニマル
에스키모(Eskimo)   오렌지   동물(animal)

쓸 때는 이런 점에 주의하세요.

ア: 2획에 유의하며 써야 한다.

	필순	쓰기 연습					
ア 아	ㄱ ア	ア	ア				
イ 이	ノ イ	イ	イ				
ウ 우	' ' ウ	ウ	ウ				
エ 에	ー 丅 エ	エ	エ				
オ 오	ー 才 オ	オ	オ				

か행	か [ka] 카	き [ki] 키	く [ku] 쿠	け [ke] 케	こ [ko] 코

▶ **발음 설명**

우리말 「ㄱ」과 영어 「k」의 중간음 정도로 하되 「k」에 가깝게 발음한다. 단 2음절 이하부터는 「ㄲ」에 가깝게 발음됨에 유의한다. 첫음절 : 카·키·쿠·케·코, 2음절 이하 : 까·끼·꾸·께·꼬(편의상 한글 발음 토는 이런 식으로 달겠으니 정확한 발음은 항상 염두에 두기 바란다)

주의 : '카키쿠케코'와 '가기구게고'의 중간발음이되 2음절 이하부터는 된발음이 된다. 사실 외국어의 발음을 한국음으로 옮긴다는 건 쉬운 일이 아니다. 그래서 거기에 따른 혼란도 많은데, か음의 경우 첫음절의 경우 여기선 「카」로 표기하나, 「가」로 표기해도 그네들에겐 「카」로 들린다 하여 「가」로 표기하는 경우도 있고, 둘째 음절의 경우엔 「까」에 가깝게 들리나 영문표기가 「ka」라 하여 「카」로 표기하는 경우도 적지 않다. 아마 신문이나 TV에선 이 원칙에 가깝다 할 수 있다. 중요한 건 최대한 비슷하게 접근하는 것이 중요하니 원어민의 발음을 참조하여 최선을 다해야 할 것이다.

예 **かき** 카끼 감   **きかく** 키까꾸 기획

    きく 키꾸 국화   **ここ** 코꼬 여기

쓸 때는 이런 점에 주의하세요.

こ: 또박또박 쓰는 습관을 기르자.

	필순		쓰기 연습					
か 카	つ カ か	か	か					
き 키	ー ニ キ き	き	き					
く 쿠	く	く	く					
け 케	｜ lー け	け	け					
こ 코	ー こ	こ	こ					

カ행	**カ** [ka] 카	**キ** [ki] 키	**ク** [ku] 쿠	**ケ** [ke] 케	**コ** [ko] 코

예 **キー** 키- 열쇠 **ケーキ** 케-끼 케이크
カカオ 카까오 카카오 **カラオケ** 카라오께 가라오케

キリン
기린

カクテル
칵테일

カメラ
카메라(camera)

쓸 때는 이런 점에 주의하세요.

コ : 밖으로 선이 나오지 않도록 주의해야 한다.

	필순	쓰기 연습					
カ 카	フ カ	カ	カ				
キ 키	一 二 キ	キ	キ				
ク 쿠	ノ ク	ク	ク				
ケ 케	ノ ┌ ケ	ケ	ケ				
コ 코	ㄱ コ	コ	コ				

さ 행	さ	し	す	せ	そ
	[sa] 사	[si] 시	[su] 스	[se] 세	[so] 소

▶ **발음 설명**

우리말의 「사·시·스·세·소」와 거의 비슷하다.

주의 : す[su]: 「스」와 「수」의 중간 발음, 입술을 내밀지 말고 발음해야 한다.

예 **さす** 사스 가리키다　　　　**しし** 시시 사자

すし 스시 초밥　　　　**せき** 세끼 좌석

くすり	そつぎょう	すいか
약	졸업	수박

🥕 쓸 때는 이런 점에 주의하세요.

し: 가타카나(カタカナ)의 レ(레)자와 혼동되기 쉬우니 주의해야 한다.

	필순	쓰기 연습
さ 사	一 ナ さ	さ	さ					
し 시	し	し	し					
す 스	一 す	す	す					
せ 세	一 ナ せ	せ	せ					
そ 소	そ	そ	そ					

| **サ**행 | **サ** [sa] 사 | **シ** [si] 시 | **ス** [su] 스 | **セ** [se] 세 | **ソ** [so] 소 |

예 **システム** 시스떼무 시스템   **スイス** 스이스 스위스
　セーター 세—따— 스웨터   **ソース** 소—스 소스

スピーカー
스피커

スクール
학교(school)

セーター
스웨터(sweater)

🐟 쓸 때는 이런 점에 주의하세요.

ソ: ン(응)자와 혼동하지 않도록 주의해야 한다.

	필순	쓰기 연습
サ 사	ー 十 サ	サ サ					
シ 시	ヽ ゝ シ	シ シ					
ス 스	フ ス	ス ス					
セ 세	ヽ セ	セ セ					
ソ 소	ヽ ソ	ソ ソ					

20

た행	た	ち	つ	て	と
	[ta] 타	[chi] 치	[tsu] 츠	[te] 테	[to] 토

▶ **발음 설명**

우리말 「ㄷ」과 영어「t」의 중간음 정도로 「t」에 가깝게 발음한다. 이 행도 か행과 마찬가지로 2음절
이하부터는 「ㄸ」에 가깝게 발음됨에 유의한다.

(표기는 첫음절 : '타치츠테토', 2음절 이하 : '따찌쯔떼또'로 하겠음.)

주의 : ち[chi] : 거의 「찌」에 가깝게 발음한다.

　　　 つ[tsu] : 혀끝을 잇몸에 댔다가 떼며 발음해야 한다.

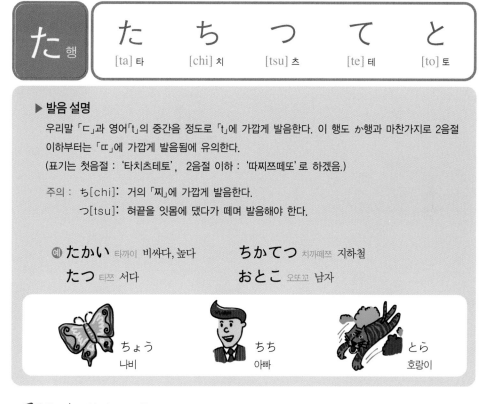

예 **たかい** 타까이 비싸다, 높다　　**ちかてつ** 치까떼쯔 지하철

　たつ 타쯔 서다　　**おとこ** 오또꼬 남자

ちょう 나비	ちち 아빠	とら 호랑이

쓸 때는 이런 점에 주의하세요.

と: 첫획이 바르게 되도록 써야 한다.

	필순		쓰기 연습					
た 타	一 ナ た た	た	た					
ち 치	一 ち	ち	ち					
つ 츠	つ	つ	つ					
て 테	て	て	て					
と 토	ヽ と	と	と					

21

일본의 문자 – **청음**

タ행	タ [ta] 타	チ [chi] 치	ツ [tsu] 츠	テ [te] 테	ト [to] 토

예 **タイ** 타이 태국　　　　　　**スポーツ** 스뽀-쯔 스포츠
　テレビ 테레비 텔레비전　　　**テーマ** 테-마 테마

ツイスト
트위스트(twist)

トマト
토마토(tomato)

ツーピース
투피스

🐟 쓸 때는 이런 점에 주의하세요.

　ツ: サ행의 シ(시)자와 혼동하지 않도록 주의해야 한다.

	필순	쓰기 연습

	필순		쓰기 연습					
タ 타	ノ ク タ	タ	タ					
チ 치	ー ニ チ	チ	チ					
ツ 츠	` `` ツ	ツ	ツ					
テ 테	ー ニ テ	テ	テ					
ト 토	｜ ト	ト	ト					

な행	な	に	ぬ	ね	の
	[na] 나	[ni] 니	[nu] 누	[ne] 네	[no] 노

▶ **발음 설명**

우리말의 「나·니·누·네·노」와 거의 비슷하다.

주의 : ぬ[nu]: 「느」와 「누」의 중간 발음, 입술을 내밀지 말고 발음해야 한다.

예 **なつ** 나쯔 여름   **にく** 니꾸 고기

ぬし 누시 주인   **ねこ** 네꼬 고양이

にわ
정원(뜰)

いぬ
개

なみ
파도(물결)

🐟 쓸 때는 이런 점에 주의하세요.

ぬ: ま행의 め(메)자와 혼동하지 않도록 주의해야 한다.

ね: ら행의 れ(레)자와 혼동하지 않도록 주의해야 한다.

	필순		쓰기 연습					
な 나	一ナだな	な	な					
に 니	｜にに	に	に					
ぬ 누	＼ぬ	ぬ	ぬ					
ね 네	｜ね	ね	ね					
の 노	の	の	の					

일본의 문자 – **청음**

ナ_행	ナ	ニ	ヌ	ネ	ノ
	[na] 나	[ni] 니	[nu] 누	[ne] 네	[no] 노

예 **ナート** 나 또 나토(북대서양 조약기구)　　**ヌード** 누도 알몸(nude)

ネクタイ 네꾸따이 넥타이　　**ノート** 노- 또 노트

ナース　　　　テニス　　　　ノート
간호사　　　　테니스　　　　노트(note)

🐟 쓸 때는 이런 점에 주의하세요.

ヌ: サ행의 ス(스)자와 혼동하지 않도록 주의해야 한다.

	필순	쓰기 연습					
ナ 나	一 ナ	ナ	ナ				
ニ 니	ニ ニ	ニ	ニ				
ヌ 누	フ ヌ	ヌ	ヌ				
ネ 네	`ラ ヂ ネ	ネ	ネ				
ノ 노	ノ	ノ	ノ				

は행	は [ha] 하	ひ [hi] 히	ふ [hu] 후	へ [he] 헤	ほ [ho] 호

▶ 발음 설명

우리말의 「하 · 히 · 후 · 헤 · 호」와 거의 비슷하다.

주의 : ふ[hu] : 「흐」와 「후」의 중간 발음, 입술을 내밀지 말고 발음해야 한다.

예 **はは** 하하 나의 어머니   **ひと** 히또 사람

ふかい 후까이 깊다   **へそ** 헤소 배꼽

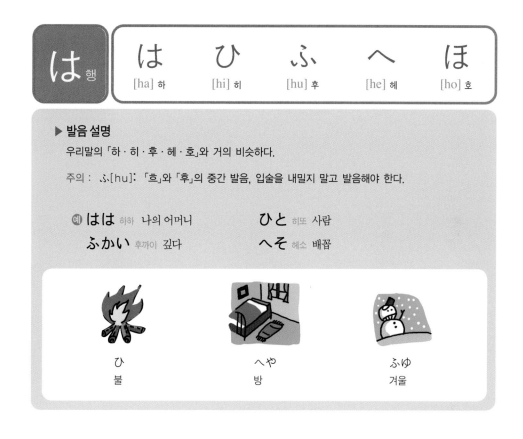

ひ
불

へや
방

ふゆ
겨울

필순		쓰기 연습					
は 하	いーは	は	は				
ひ 히	ひ	ひ	ひ				
ふ 후	らふふ	ふ	ふ				
へ 헤	へ	へ	へ				
ほ 호	いーにほ	ほ	ほ				

일본의 문자 - **청음**

ハ행	ハ	ヒ	フ	ヘ	ホ
	[ha] 하	[hi] 히	[hu] 후	[he] 헤	[ho] 호

예 ハート 하또 하트　　ヒステリー 히스떼리- 히스테리
ヘアピン 헤아삥 머리핀　　ホテル 호떼루 호텔

ホット
뜨거움

パイロット
조종사(pilot)

ビジネス
비즈니스(business)

쓸 때는 이런 점에 주의하세요.

ホ: 한자 木(목)자가 되지 않도록 주의해야 한다.

	필순	쓰기 연습
ハ 하	ノ ハ	ハ ハ
ヒ 히	ー ヒ	ヒ ヒ
フ 후	フ	フ フ
ヘ 헤	ヘ	ヘ ヘ
ホ 호	一 ナ オ ホ	ホ ホ

ま_행	ま	み	む	め	も
	[ma] 마	[mi] 미	[mu] 무	[me] 메	[mo] 모

▶ **발음 설명**

우리말의 「마·미·무·메·모」와 거의 비슷하다.

주의 : む[mu]: 「므」와 「무」의 중간 발음, 입술을 내밀지 말고 발음해야 한다.

🅐 **まめ** 마메 콩 　　　　　　**みみ** 미미 귀

　 むね 무네 가슴 　　　　　　**もも** 모모 복숭아

みかん	め	むし
굴	눈	벌레

🐟 쓸 때는 이런 점에 주의하세요.

む: あ행의 お(오)자와 혼동하지 않도록 주의해야 한다.

め: な행의 ぬ(누)자와 혼동하지 않도록 주의해야 한다.

も: 필순에 유의하여 쓰도록 한다.

	필순	쓰기 연습					
ま 마	ー ニ ま	ま	ま				
み 미	み み	み	み				
む 무	ー む む	む	む				
め 메	\ め	め	め				
も 모	し も も	も	も				

일본의 문자 – 청음

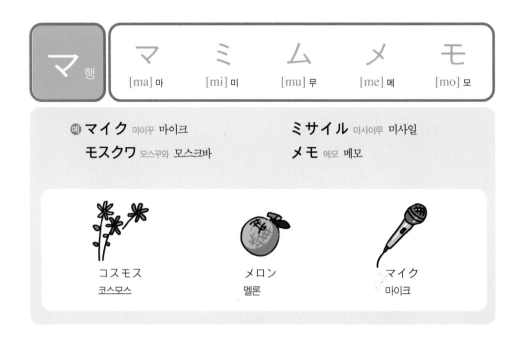

マ행	マ [ma] 마	ミ [mi] 미	ム [mu] 무	メ [me] 메	モ [mo] 모

예 **マイク** 마이꾸 마이크   **ミサイル** 미사이루 미사일
　モスクワ 모스꾸와 모스크바   **メモ** 메모 메모

コスモス
코스모스

メロン
멜론

マイク
마이크

🐟 쓸 때는 이런 점에 주의하세요.

　メ: ナ행의 ヌ(누)자와 혼동하지 않도록 주의해야 한다.

	필순		쓰기 연습						
マ 마	フ マ	マ	マ						
ミ 미	゛ ミ ミ	ミ	ミ						
ム 무	㇏ ム	ム	ム						
メ 메	ノ メ	メ	メ						
モ 모	一 二 モ	モ	モ						

や행	や [ya] 야	ゆ [yu] 유	よ [yo] 요

▶ **발음 설명**

우리말의 「야 · 유 · 요」와 거의 비슷하다.

주의 : よ[yo]: 입술을 내밀지 말고 발음해야 한다.

예 **やま** 야마 산   **ゆめ** 유메 꿈

よやく 요야꾸 예약   **よむ** 요무 읽다

よる
밤

ゆうびん
우편

やま
산

🐟 쓸 때는 이런 점에 주의하세요.

や: 필순에 유의하며 쓰도록 한다.

필순		쓰기 연습					
や 야	つ う や	や	や				
ゆ 유	し ゆ	ゆ	ゆ				
よ 요	ー よ	よ	よ				

29

일본의 문자 - **청음**

ヤ행	ヤ [ya] 야	ユ [yu] 유	ヨ [yo] 요

예 **ヤクルト** 야꾸루또 요구르트 **ユーモア** 유-모아 유머

ヨット 욧또 요트 **ユニホーム** 유니호-무 유니폼

ヤンキー
미국사람(Yankee)

ユーターン
유턴

ヨット
요트

🐟 쓸 때는 이런 점에 주의하세요.

ユ: カ행의 ユ(코)자와 혼동하지 않도록 주의해야 한다.

	필순		쓰기 연습				
ヤ 야	⊃ ヤ	ヤ	ヤ				
ユ 유	¬ ユ	ユ	ユ				
ヨ 요	¬ ヲ ヨ	ヨ	ヨ				

| ら
행 | ら
[ra] 라 | り
[ri] 리 | る
[ru] 루 | れ
[re] 레 | ろ
[ro] 로 |

▶ **발음 설명**

우리말의 「라·리·루·레·로」와 거의 비슷하다.

주의 : る[ru]: 입술을 내밀지 말고 발음해야 한다.

例 **さら** 사라 접시　　　　　**あり** 아리 개미

さる 사루 원숭이　　　　**れきし** 레끼시 역사

る**り** 유리(글라스)　　　せびろ 신사복　　　からす 까마귀

🐟 쓸 때는 이런 점에 주의하세요.

り: 2획을 길게 써야 한다.　　　　る: ら행의 ろ(로)자와 혼동하지 않도록 주의해야 한다.

れ: な행의 ね(네)자와 혼동하지 않도록 주의해야 한다.

	필순	쓰기 연습						
ら 라	ら	ら	ら					
り 리	り	り	り					
る 루	る	る	る					
れ 레	れ	れ	れ					
ろ 로	ろ	ろ	ろ					

31

일본의 문자 - 청음

ラ행	ラ [ra] 라	リ [ri] 리	ル [ru] 루	レ [re] 레	ロ [ro] 로

예 リサイタル 리사이따루 리사이틀　　レモン 레몽 레몬

ロシア 로시아 러시아　　レストラン 레스또랑 레스토랑

リボン
리본

レモン
레몬

ルーム
룸,방

꼬리 쓸 때는 이런 점에 주의하세요.

レ: さ행의 し(시)자와 혼동하지 않도록 주의해야 한다.

	필순		쓰기 연습					
ラ 라	ー ラ	ラ	ラ					
リ 리	ㅣ リ	リ	リ					
ル 루	ノ ル	ル	ル					
レ 레	レ	レ	レ					
ロ 로	丨 冂 ロ	ロ	ロ					

わ행	わ [wa] 와	を [wo] 오	ん [ŋ] 응

▶ **발음 설명**

우리말의 「와·오·응」과 거의 비슷하다.

주의 : を[wo]: あ행의 「お」와 발음은 같으나 조사 「을/를」로만 쓰인다.

ん[ŋ]: 「응」과 「으」 사이의 발음으로 뒷발음의 영향에 의해
「ㅁ·ㄴ·ㅇ」 등과 같은 소리로 들린다.

例 **わるい** 와루이 나쁘다   **わいろ** 와이로 뇌물   **わかす** 와까스 끓다

わらう 와라우 웃다   **さんぽ** 삼뽀 산책   **べんり** 벤리 편리

てんき 뎅끼 날씨

わく
테두리(테)

ほんをよむ
책을 읽다

でんわ
전화

🐟 쓸 때는 이런 점에 주의하세요.

わ: な행의 ね(네), ら행의 れ(레)자와 혼동하지 않도록 주의해야 한다.

필순	쓰기 연습

	필순		쓰기 연습				
わ 와	Ｉ わ	わ	わ				
を 오	ｰ ち を	を	を				
ん 응	ん	ん	ん				

일본의 문자 – **청음**

ワ행	ワ [wa] 와	ヲ [wo] 오	ン [ŋ] 응

예 **ワイン** 와잉 와인　　　　　　　**ワイフ** 와이후 와이프

ワンマンバス 왐맘바스 차장이 없는 버스　**アンテナ** 안떼나 안테나

レンタル 렌따루 렌터, 임대　　　　**メンバー** 멤바- 멤버

レーンコート
레인코트

ピン
바늘(pin)

ワイン
포도주(wine)

🐟 쓸 때는 이런 점에 주의하세요.

ン: サ행의 ソ(소)자와 혼동하지 않도록 주의해야 한다.

	필순		쓰기 연습					
ワ 와	' ワ	ワ	ワ					
ヲ 오	フ ヲ	ヲ	ヲ					
ン 응	` ン	ン	ン					

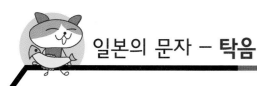

일본의 문자 – **탁음**

탁음이란?   가나(かな)에 「゛」(탁점) 표시가 붙은 글자를 말하며 「か, さ, た, は」행에 붙는다.

성대를 울려 나는 소리로 우리나라에 없는 음이라 각별한 주의가 필요하다.

が행	が	ぎ	ぐ	げ	ご	ガ행	ガ	ギ	グ	ゲ	ゴ
	[ga]	[gi]	[gu]	[ge]	[go]		[ga]	[gi]	[gu]	[ge]	[go]

ざ행	ざ	じ	ず	ぜ	ぞ	ザ행	ザ	ジ	ズ	ゼ	ゾ
	[za]	[zi]	[zu]	[ze]	[zo]		[za]	[zi]	[zu]	[ze]	[zo]

だ행	だ	ぢ	づ	で	ど	ダ행	ダ	ヂ	ヅ	デ	ド
	[da]	[zi]	[zu]	[de]	[do]		[da]	[zi]	[zu]	[de]	[do]

ば행	ば	び	ぶ	べ	ぼ	バ행	バ	ビ	ブ	ベ	ボ
	[ba]	[bi]	[bu]	[be]	[bo]		[ba]	[bi]	[bu]	[be]	[bo]

が행	が [ga] 가	ぎ [gi] 기	ぐ [gu] 구	げ [ge] 게	ご [go] 고

▶ **발음 설명**

우리말의 「가, 기, 구, 게, 고」 보다는 훨씬 된발음으로, 한글의 2음절 이하의 음과 비슷하게 성대를 울려 내는 발음이다. 우리 한국인에겐 특히 주의가 필요한 음이니 열심히 연습해야 할 것이다.

예 **がいこく** 가이꼬꾸 외국		**がくもん** 가꾸몽 학문	
ぐあい 구아이 상태		**かぎ** 카기 열쇠	
ぎんこう 깅꼬- 은행		**がけ** 가께 벼랑, 절벽	
ぎかい 기까이 의회, 국회		**ぐあん** 구앙 구안	
かげ 카게 그림자		**あご** 아고 턱	

	필순		쓰기 연습					
が 가	つ カ か が	が	が					
ぎ 기	一 二 キ き ぎ	ぎ	ぎ					
ぐ 구	く ぐ	ぐ	ぐ					
げ 게	し し- け げ	げ	げ					
ご 고	一 こ ご	ご	ご					

ガ행	ガ	ギ	グ	ゲ	ゴ
	[ga] 가	[gi] 기	[gu] 구	[ge] 게	[go] 고

예 **ガイド** 가이도　가이드　　　　**ベルギー** 베루기-　벨기에

ゲーム 게-무　게임　　　　**イギリス** 이기리스　영국

プログラム 푸로구라무　프로그램　　**カタログ** 카따로구　카달로그

キログラム 키로구라무　킬로그램　　**ハイキング** 하이낑구　하이킹

ポルトガル 뽀루또가루　포루투갈　　**ギリシア** 기리시아　그리스

	필순			쓰기 연습				
ガ 가	フカガ	ガ	ガ					
ギ 기	一ニキギ	ギ	ギ					
グ 구	ノクグ	グ	グ					
ゲ 게	ノ亇ケゲ	ゲ	ゲ					
ゴ 고	フコゴ	ゴ	ゴ					

ざ행	ざ [za] 자	じ [zi] 지	ず [zu] 즈	ぜ [ze] 제	ぞ [zo] 조

▶ **발음 설명**

우리말의 「자, 지, 즈, 제, 조」와는 다른 좀 더 된발음. 우리말의 「자」가 「さ」와 「ざ」의 중간발음이 될 정도로 성대를 울려 발음해 준다. 즉 우리말의 「자」가 첫 음절보다 2음절 이하서부터 되게 발음되듯 (ex) 과자) 그 보다 더 된듯하게 발음하면 되겠다.

예 すずめ 스즈메 참새		ざせき 자세끼 좌석	
かぜ 카제 바람		じこ 지꼬 사고	
ずが 즈가 도화		ざいもく 자이모꾸 재목	
じき 지끼 시기		ずっと 즏또 훨씬, 쭉	
かぜ 카제 바람		ぞくする 조꾸스루 속하다	

	필순	쓰기 연습						
ざ 자	一 ナ さ ざ	ざ	ざ					
じ 지	し じ	じ	じ					
ず 즈	一 ず ず	ず	ず					
ぜ 제	一 ナ せ ぜ	ぜ	ぜ					
ぞ 조	' '' そ ぞ	ぞ	ぞ					

ザ행	ザ	ジ	ズ	ゼ	ゾ
	[za] 자	[zi] 지	[zu] 즈	[ze] 제	[zo] 조

예 **ズボン** 즈봉　바지

ジープ 집뿌　지프

ジュース 쥬스　주스

ゼントルマン 젠또루망　젠틀맨, 신사

ニュージーランド 뉴지란도　뉴질랜드

ザイル 자이루　등산용 로프

デザイン 데자잉　디자인

ビジネス 비지네스　비즈니스

アルゼンチン 아루젠찡　아르헨티나

ブラジル 부라지루　브라질

		필순	쓰기 연습					
ザ 자	一 十 サ ザ	ザ	ザ					
ジ 지	` `` シ ジ	ジ	ジ					
ズ 즈	フ ス ズ	ズ	ズ					
ゼ 제	⁻ セ ゼ	ゼ	ゼ					
ゾ 조	` ソ ゾ	ゾ	ゾ					

일본의 문자 – 탁음

だ행	だ [da] 다	ぢ [zi] 지	づ [zu] 주	で [de] 데	ど [do] 도

▶ **발음 설명**

「ぢ」「づ」의 경우는 「じ」「ず」와 발음이 같으며 「だ, で, ど」 경우는 우리말의 「다, 데, 도」 보다는 된듯
하게 발음해야 한다.

예 まど 마도 창문   だれ 다레 누구

つづく 츠즈꾸 계속되다   ちぢまる 치지마루 줄어들다

だいいち 다이이찌 제일   はなぢ 하나지 코피

つづく 츠즈꾸 계속되다   そで 소데 소매

まど 마도 창문   でんわ 뎅와 전화

	필순	쓰기 연습					
だ 다	ー ナ た だ	だ	だ				
ぢ 지	ー ち ぢ	ぢ	ぢ				
づ 주	つ づ	づ	づ				
で 데	て で	で	で				
ど 도	` と ど	ど	ど				

40

ダ행	ダ	ヂ	ヅ	デ	ド
	[da] 다	[zi] 지	[zu] 주	[de] 데	[do] 도

예 **デート** 데-또　데이트　　**ダンス** 단스　댄스, 춤

ドライブ 도라이부　드라이브　　**ドラマチック** 도라마찍꾸　드라마틱

レコード 레꼬-도　레코드　　**サンドイッチ** 산또잍찌　샌드위치

ポーランド 뽀-란도　폴란드　　**インドネシア** 인도네시아　인도네시아

カナダ 카나다　캐나다　　**オランダ** 오란다　네덜란드

	필순	쓰기 연습						
ダ 다	ノ ク タ ダ	ダ	ダ					
ヂ 지	一 二 チ ヂ	ヂ	ヂ					
ヅ 주	` `` ツ ヅ	ヅ	ヅ					
デ 데	一 二 テ デ	デ	デ					
ド 도	｜ ｜ ├ ド ド	ド	ド					

ば_행	ば	び	ぶ	べ	ぼ
	[ba] 바	[bi] 비	[bu] 부	[be] 베	[bo] 보

▶ **발음 설명**

이 발음 역시 우리말의 「바, 비, 부, 베, 보」 보다는 되게 발음한다. 의식적으로 목의 성대를 울려 발음해 보도록 한다.

예 ばか	바까	바보	ぶどう 부도-	포도
くび	쿠비	목	たび 타비	여행
ぶた	부따	돼지	ばいばい 바이바이	매매
えび	에비	새우	べつべつ 베쯔베쯔	따로따로, 제각각
きぼ	키보	규모	ぶたい 부따이	무대

필순	쓰기 연습

	필순							
ば_바	Ⅰ Ⅰー は ば	ば	ば					
び_비	ひ び	び	び					
ぶ_부	う ふ ふ ぶ	ぶ	ぶ					
べ_베	へ べ	べ	べ					
ぼ_보	Ⅰ ⼾ ほ ぼ	ぼ	ぼ					

バ행	バ	ビ	ブ	ベ	ボ
	[ba] 바	[bi] 비	[bu] 부	[be] 베	[bo] 보

예 **ビール** 비-루 맥주   **ビル** 비루 빌딩

ボーナス 보-나스 보너스   **リボン** 리봉 리본

アルバム 아루바무 앨범   **ボタン** 보땅 단추

アルバイト 아루바이또 아르바이트   **ボート** 보또 보트

エレベーター 에레베-따- 엘리베이터   **バケツ** 바께쯔 양동이

サービス 사비스 서비스   **ベトナム** 베또나무 베트남

テレビ 테레비 텔레비전   **バス** 바스 버스

レベル 레베루 레벨

	필순	쓰기 연습					
バ바	ノ ハ バ	バ	バ				
ビ비	ー ヒ ビ	ビ	ビ				
ブ부	フ ブ	ブ	ブ				
ベ베	ヘ ベ	ベ	ベ				
ボ보	一 ナ ホ ボ	ボ	ボ				

반탁음이란? 가나(かな)에 「 ゜」(반탁점) 표시가 붙은 글자를 말하며 「は」행에 붙는다. 첫소리는 「파·피·푸·페·포」로 발음하고, 단어 중간이나 끝에 올 때는 「빠삐뿌뻬뽀」로 발음 표기한다.

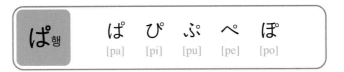

ぱ행	ぱ [pa]	ぴ [pi]	ぷ [pu]	ぺ [pe]	ぽ [po]

🐱 はっぱ 합빠　잎사귀

　　ぷかぷか 푸까뿌까　뻐끔뻐끔

　　ぴかぴか 피까삐까　번쩍번쩍

　　ぺこぺこ 뻬꼬뻬꼬　배가 고픈 모양

パ행	パ [pa]	ピ [pi]	プ [pu]	ペ [pe]	ポ [po]

🐱 パイプ 파이뿌　파이프

　　プール 푸루　풀, 풀장

　　ピアノ 피아노　피아노

　　パラソル 파라소루　파라솔

ぴかぴか　번쩍번쩍
피까삐까

フライパン 프라이팬
후라이빵

スピーカー 스피커
스삐ㅡ까

ぱ_행	ぱ [pa] 빠	ぴ [pi] 삐	ぷ [pu] 뿌	ぺ [pe] 뻬	ぽ [po] 뽀

▶ 발음 설명

이 음은 비교적 쉽게 발음할 수 있는 음으로 「파, 피, 푸, 페, 포」 보다는 「빠, 삐, 뿌, 뻬, 뽀」에 가깝게 발음된다.

예 ぺこぺこ 페꼬뻬꼬 몹시 배가 고픈 모양, 굽실굽실, 오글쪼글

たんぽぽ 탐뽀뽀 민들레   きっぷ 킵뿌 표

ページ 뻬-지 페이지   ぱくぱく 빠꾸빠꾸 빠끔빠끔

ぴかりと 삐까리또 번쩍   ぱちぱち 빠찌빠찌 깜박깜박

ぴかぴか 삐까삐까 번쩍번쩍   ぽかぽか 뽀까뽀까 따끈따끈

ぴょこぴょこ 뾰꼬뾰꼬 강동강동

	필순		쓰기 연습				
ぱ_빠	い い ー は ぱ	ぱ	ぱ				
ぴ_삐	ひ ぴ	ぴ	ぴ				
ぷ_뿌	ら ふ ふ ぷ	ぷ	ぷ				
ぺ_뻬	へ ぺ	ぺ	ぺ				
ぽ_뽀	い ー ほ ぽ	ぽ	ぽ				

| パ행 | パ
[pa] 빠 | ピ
[pi] 삐 | プ
[pu] 뿌 | ペ
[pe] 뻬 | ポ
[po] 뽀 |

예 ペダル 페다루 페달　　　　ピンポン 삥뽕 탁구

ポスト 포스또 포스트　　　コンピューター 콤뷰-따- 컴퓨터

ヘリコプター 헤리꼬뿌따- 헬리콥터　ポーランド 뽀-란도 폴란드

スポーツ 스뽀-쯔 스포츠　　　ペン 뻥 펜

ピアノ 삐아노 피아노　　　プレー 뿌레- 플레이

フィリピン 후리삥 필리핀

필순		쓰기 연습					
パ 빠	ノ ハ パ	パ	パ				
ピ 삐	ー ヒ ピ	ピ	ピ				
プ 뿌	フ プ	プ	プ				
ペ 뻬	ヘ ペ	ペ	ペ				
ポ 뽀	一 ナ ホ ポ	ポ	ポ				

일본의 문자 – 요음

요음이란?

자음의 「い」단 글자(き・し・ち・に・ひ・み・リ・ぎ・じ・び・ぴ)의 오른쪽 옆에 반모음 (や・ゆ・よ)를 작게 써서 한음절로 발음하는 것을 말한다.

きゃ kya	きゅ kyu	きょ kyo	キャ kya	キュ kyu	キョ kyo
しゃ sya	しゅ syu	しょ syo	シャ sya	シュ syu	ショ syo
ちゃ cha	ちゅ chu	ちょ cho	チャ cha	チュ chu	チョ cho
にゃ nya	にゅ nyu	にょ nyo	ニャ nya	ニュ nyu	ニョ nyo
ひゃ hya	ひゅ hyu	ひょ hyo	ヒャ hya	ヒュ hyu	ヒョ hyo
みゃ mya	みゅ myu	みょ myo	ミャ mya	ミュ myu	ミョ myo
りゃ rya	りゅ ryu	りょ ryo	リャ rya	リュ ryu	リョ ryo
ぎゃ gya	ぎゅ gyu	ぎょ gyo	ギャ gya	ギュ gyu	ギョ gyo
じゃ zya	じゅ zyu	じょ zyo	ジャ zya	ジュ zyu	ジョ zyo
びゃ bya	びゅ byu	びょ byo	ビャ bya	ビュ byu	ビョ byo
ぴゃ pya	ぴゅ pyu	ぴょ pyo	ピャ pya	ピュ pyu	ピョ pyo

おちゃ 차(녹차)
오쨔

そつぎょう 졸업
소쯔교―

チェーン 체인
체―ㄴ

クッション 쿠션
쿳숑

き ゃ	き ゅ	き ょ
[kya] 캬	[kyu] 큐	[kyo] 쿄

キ ャ	キ ュ	キ ョ
[kya] 캬	[kyu] 큐	[kyo] 쿄

▶ **발음 설명**

우리말 「캬, 큐, 쿄」와 「갸, 규, 교」의 중간 정도로 발음하나 일반적으로 「캬, 큐, 쿄」처럼 들린다.

예 **きゃく** 캬꾸 손님   **きょう** 쿄- 오늘

　きゅうに 큐-니 급하게   **きゅうか** 큐-까 휴가

쓰기 연습						
きゃ 캬	きゃ	きゃ				
きゅ 큐	きゅ	きゅ				
きょ 쿄	きょ	きょ				
キャ 캬	キャ	キャ				
キュ 큐	キュ	キュ				
キョ 쿄	キョ	キョ				

しゃ	しゅ	しょ
[sya] 샤	[shu] 슈	[sho] 쇼

シャ	シュ	ショ
[sya] 샤	[shu] 슈	[sho] 쇼

▶ 발음 설명

우리말의 「샤, 슈, 쇼」와 거의 같다.

예 しゃかい 샤까이 사회　　　ツューズ 슈즈 신발

しょくどう 쇼꾸도- 식당　　　シャワー 샤와- 샤워

쓰기 연습

しゃ 샤	しゃ	しゃ				
しゅ 슈	しゅ	しゅ				
しょ 쇼	しょ	しょ				
シャ 샤	シャ	シャ				
シュ 슈	シュ	シュ				
ショ 쇼	ショ	ショ				

ちゃ [cha] 챠	**ちゅ** [chu] 츄	**ちょ** [cho] 쵸

チャ [cha] 챠	**チュ** [chu] 츄	**チョ** [cho] 쵸

▶ **발음 설명**

우리말의 「챠, 츄, 쵸」와 「쨔, 쮸, 쬬」의 중간 정도 발음, 하지만 「챠, 츄, 쵸」에 가까운 발음이다.

예 **ちゅうい** 츄-이 주의   **チョコレート** 쵸꼬레-또 초코렛

     おちゃ 오쨔 차   **チャンス** 챤스 찬스

쓰기 연습						
ちゃ 챠	ちゃ	ちゃ				
ちゅ 츄	ちゅ	ちゅ				
ちょ 쵸	ちょ	ちょ				
チャ 챠	チャ	チャ				
チュ 츄	チュ	チュ				
チョ 쵸	チョ	チョ				

にゃ	にゅ	にょ
[nya] 냐	[nyu] 뉴	[nyo] 뇨

ニャ	ニュ	ニョ
[nya] 냐	[nyu] 뉴	[nyo] 뇨

▶ 발음 설명

우리말의 「냐, 뉴, 뇨」와 같은 발음이다.

예 にょきにょき 뇨끼뇨끼 쑥쑥, 쭉쭉   ニュース 뉴스 뉴스

にょろにょろ 뇨로뇨로 꿈틀꿈틀   メニュー 메뉴 메뉴

쓰기 연습

にゃ 냐	にゃ	にゃ				
にゅ 뉴	にゅ	にゅ				
にょ 뇨	にょ	にょ				
ニャ 냐	ニャ	ニャ				
ニュ 뉴	ニュ	ニュ				
ニョ 뇨	ニョ	ニョ				

ひゃ	ひゅ	ひょ
[hya] 햐	[hyu] 휴	[hyo] 효

ヒャ	ヒュ	ヒョ
[hya] 햐	[hyu] 휴	[hyo] 효

▶ **발음 설명**

우리말의 「햐, 휴, 효」와 같은 발음이다.

예 ひょうげん 효-겡 표현　　　ひょうし 효-시 박자

　　ひゃくにち 하꾸니찌 백일　　ひゃくせい 햐꾸세- 백성

쓰기 연습					
ひゃ 햐	ひゃ	ひゃ			
ひゅ 휴	ひゅ	ひゅ			
ひょ 효	ひょ	ひょ			
ヒャ 햐	ヒャ	ヒャ			
ヒュ 휴	ヒュ	ヒュ			
ヒョ 효	ヒョ	ヒョ			

みゃ	みゅ	みょ
[mya] 먀	[myu] 뮤	[myo] 묘

ミャ	ミュ	ミョ
[mya] 먀	[myu] 뮤	[myo] 묘

▶ 발음 설명

우리말의 「먀, 뮤, 묘」와 같은 발음이다.

예 **みゃくはく** 먀꾸하꾸 맥박　　**みょうあん** 묘-앙 묘안

　みゃくみゃく 먀꾸먀꾸 면면히　　**みょうぎ** 묘-기 묘기

쓰기 연습					
みゃ 먀	みゃ	みゃ			
みゅ 뮤	みゅ	みゅ			
みょ 묘	みょ	みょ			
ミャ 먀	ミャ	ミャ			
ミュ 뮤	ミュ	ミュ			
ミョ 묘	ミョ	ミョ			

りゃ	りゅ	りょ
[rya] 랴	[ryu] 류	[ryo] 료

リャ	リュ	リョ
[rya] 랴	[ryu] 류	[ryo] 료

▶ **발음 설명**

우리말의 「랴, 류, 료」와 같은 발음이다.

りょこう 료꼬- 여행   **リューマチ** 류-마찌 류마티즘

りゃくする 랴꾸스루 생략하다   **リュックサック** 륙꾸삭꾸 등산용 배낭

쓰기 연습					
りゃ 랴	りゃ	りゃ			
りゅ 류	りゅ	りゅ			
りょ 료	りょ	りょ			
リャ 랴	リャ	リャ			
リュ 류	リュ	リュ			
リョ 료	リョ	リョ			

ぎゃ [gya] 야	ぎゅ [gyu] 규	ぎょ [gyo] 교

ギャ [gya] 야	ギュ [gyu] 규	ギョ [gyo] 교

▶ 발음 설명

우리말의 「갸, 규, 교」보다는 목의 성대를 울리며 내는 된발음이다.

예 **きんぎょ** 킹교 금붕어   **ギャロップ** 갸롭뿌 갤럽

　　ぎゃくさつ 갸꾸사쯔 학살   **ギャランティー** 갸란띠- 개런티

쓰기 연습						
ぎゃ 야	ぎゃ	ぎゃ				
ぎゅ 규	ぎゅ	ぎゅ				
ぎょ 교	ぎょ	ぎょ				
ギャ 야	ギャ	ギャ				
ギュ 규	ギュ	ギュ				
ギョ 교	ギョ	ギョ				

じゃ	じゅ	じょ
[ja] 쟈	[ju] 쥬	[jo] 죠

ジャ	ジュ	ジョ
[ja] 쟈	[ju] 쥬	[jo] 죠

▶ **발음 설명**

우리말의 「쟈, 쥬, 죠」보다는 목의 성대를 울리며 발음해 준다.

예 **おじゃま** 오쟈마 실례

ぎじゅつ 기쥬쯔 기술

ジョギング 죠깅구 조깅

ジュニア 쥬니아 쥬니어

쓰기 연습

じゃ 쟈	じゃ	じゃ				
じゅ 쥬	じゅ	じゅ				
じょ 죠	じょ	じょ				
ジャ 쟈	ジャ	ジャ				
ジュ 쥬	ジュ	ジュ				
ジョ 죠	ジョ	ジョ				

びゃ [bya]	**びゅ** [byu]	**びょ** [byo]			

ビャ [bya]	**ビュ** [byu]	**ビョ** [byo]			

▶ 발음 설명

우리말의 「뱌, 뷰, 뵤」보다는 목의 성대를 울리며 내는 발음이다.

예 **びょういん** 뵤-잉 병원　　　**ビューティー** 뷰-띠- 뷰티

　　ごびゅう 고뷰 오류　　　**ピューレ—** 뷰-레- 퓨레

쓰기 연습						
びゃ 뱌	びゃ	びゃ				
びゅ 뷰	びゅ	びゅ				
びょ 뵤	びょ	びょ				
ビャ 뱌	ビャ	ビャ				
ビュ 뷰	ビュ	ビュ				
ビョ 뵤	ビョ	ビョ				

ぴゃ　　ぴゅ　　ぴょ
[pya] 빠　　[pyu] 쀼　　[pyo] 뾰

ピャ　　ピュ　　ピョ
[pya] 빠　　[pyu] 쀼　　[pyo] 뾰

▶ 발음 설명

성대를 울리며 「빠, 쀼, 뾰」에 가깝게 발음하도록 한다.

예 ぴょこぴょこ 뾰꼬뾰꼬 강동강동　　コンピューター 콤쀼-따- 컴퓨터

ぴょんぴょん 뿅뿅 깡충깡충　　ぴよぴよ 삐요삐요 삐악삐악

쓰기 연습					
ぴゃ 빠	ぴゃ	ぴゃ			
ぴゅ 쀼	ぴゅ	ぴゅ			
ぴょ 뾰	ぴょ	ぴょ			
ピャ 빠	ピャ	ピャ			
ピュ 쀼	ピュ	ピュ			
ピョ 뾰	ピョ	ピョ			

일본의 문자 – 촉음(促音そくおん)

일본어에는 발음 시, 숨이 막힌 듯 모음을 멈추고 잠시 쉬었다 발음하는 促音(つまる
音)이라는 것이 있다. 작은 「っ」로 표시하고, 뒤에 오는 자음에 따라 영향을 받아 발음되
며, 받침 구실로 한 박을 가지는 것이 특징이다.

「っ」＋ か, さ, た, ぱ행

① 「っ」＋ か, き, く, け, こ ⇒ ㄱ받침

예　けっか　　켁까　　결과
　　こっき　　콕끼　　국기
　　しっけ　　식께　　습기

② 「っ」＋ さ, し, す, せ, そ ⇒ ㅅ받침

예　あっさり　　앗사리　　깨끗이
　　ざっし　　잣시　　잡지
　　まっすぐ　　맛스구　　곧장

③ 「っ」＋ た, ち, つ, て, と ⇒ ㄷ받침

예　いったい　　읻따이　　일체
　　きって　　킫떼　　우표
　　おっと　　옫또　　남편

④ 「っ」＋ ぱ, ぴ, ぷ, ぺ, ぽ ⇒ ㅂ받침

예　いっぱい　　입빠이　　가득, 한잔
　　きっぷ　　킵뿌　　표
　　しっぽ　　십뽀　　꼬리

일본의 문자 – 발음(撥音はつおん)

　　일본어에는 받침이 없는 것이 보통이지만 「ん」과 「っ」가 대신해서 받침구실을 해 준다. 「ん」의 경우는 「응」과 「으」의 중간발음이나 뒤에 오는 다른 발음에 따라 「ㄴ, ㅁ, ㅇ」등의 음으로 발음된다. 어두에는 「ん」은 오지 않으며 한 박을 갖는 것이 특징이다.

　　일본인들은 우리처럼 의식적으로 구분하지 않고 자연스레 콧소리 비슷하게 「응」 발음을 하는 것이 가장 정확하다 하겠다. 굳이 구분해 보자면

① 「ん」＋「カ, が행」⇒ [ŋ] (ㅇ)

예			
	でんき	뎅끼	전기
	おんがく	옹가꾸	음악

② 「ん」＋「ま, ば, ぱ행」⇒ [m] (ㅁ)

예			
	うんめい	움메―	운명
	しんぶん	심붕	신문

③ 「ん」＋「さ, ざ, た, だ, な, ら행」⇒ [n] (ㄴ)

예			
	かんじ	칸지	한자
	せんたく	센따꾸	세탁
	げんだい	겐다이	현대
	おんなのこ	온나노꼬	여자

④ 「ん」＋「あ, や, わ, さ, は행」⇒ [N] (ㄴ과 ㅇ의 중간음)

예			
	れんあい	렝아이	연애
	でんわ	뎅와	전화

글자 그대로 소리를 길게 발음하는 것을 말하며 한 박의 길이를 가진다. 히라가나엔 「あ, い, う, え, お」가 붙어 표기되고 카따까나엔 장음부호 「ー」가 붙는다. 음성기호는 [:]이다.

① 「あ단」 → 「あ」

예			
	おかあさん	오까ー상	어머니
	おばあさん	오바ー상	할머니

② 「い단」 → 「い」

예			
	おじいさん	오지ー상	할아버지
	ちいさい	치ー사이	작다

③ 「う단」 → 「う」

예			
	くうき	쿠ー끼	공기
	ゆうべ	유ー베	저녁

④ 「え단」 → 「え」

예			
	おねえさん	오네ー상	언니, 누나
	けいえい(経営)	케ー에ー	경영

※ 예외적으로 「え」단의 장음중 한자음은 「い」를 붙여서 쓴다.

⑤ 「お단」 → 「う」 (예외적으로 お를 쓰기도 함)

예			
	おとうさん	오또ー상	아버지
	しょうかい	쇼ー까이	소개
	おおい	오ー이	많다

일본의 문자 – 묵음(黙音もくおん)과 조사(助詞じょし)

묵음(黙音もくおん)

글 그대로 글자는 있되 발음이 되지 않는 소리를 말한다. 주로 「か행」 뒤에 「さ행」이 올 때 생긴다.

1 たくさん ⇒ [takɯ̸saŋ] ⇒ [taksaŋ] 수량이 많음

　　　　　　u모음 탈락(발음되지 않음)

　　　　　　(타꾸상)　⇒　(탁상)

2 がくせい ⇒ [gakɯ̸se:] ⇒ [gakse:] 학생

　　　　　　u모음 탈락

　　　　　　(가꾸세—)　⇒　(각세—)

조사(助詞じょし)

일본어 표기상 발음 나는 대로 쓰자는 현대철자법(げんだいかなづかい)의 예외적 경우이다.

1 [わ] → 「は」로 표기한다.

　예　わたしは　　와따시와　　　나는
　　　あなたは　　아나따와　　　당신은

2 [え] → 「へ」로 표기한다.

　예　学校へ 行きます。　각꼬—에 이끼마스　학교에 갑니다.
　　　がっこう　い

3 [お] → 「を」로 표기하며 조사로만 쓰인다.

　예　本を 読む。　홍오 요무　　책을 읽다.
　　　ほん　よ

01 これは テレビです。

이것은 텔레비전입니다.

학습목표

1. 긍정문 · 부정문 · 의문문 만들기
2. 기초조사 : は、も、が
3. 예, 아니오
4. 지시대명사 : こ、そ、あ、ど

문형을 익혀요! ⇨

Aは Bです。 A 와 B 데 스	A는 B입니다.
Aは Bですか。 A 와 B 데 스 까	A는 B입니까?
Aは Bではありません。 A 와 B 데 와 아 리 마 셍	A는 B가 아닙니다.
はい、そうです。 하 이 소— 데 스	예, 그렇습니다.
いいえ、そうではありません。 이— 에 소— 데 와 아 리 마 셍	아니오, 그렇지 않습니다.
Aは Bですか。Cですか。 A 와 B 데 스 까 C 데 스 까	A는 B입니까? C입니까?
Bです。 B 데 스	B입니다.

A これは 何ですか。
코레와 난데스까

B それは ラジオです。
소레와 라지오데스

A あれも ラジオですか。
아레모 라지오데스까

B はい、そうです。
하이 소ー데스

A これも テレビですか。
코레모 테레비데스까

B いいえ、それは テレビではありません。
이ー에 소레와 테레비데와아리마 셍

A では、何ですか。
데와 난데스까

B それは ビデオです。
소레와 비데오데스

A あれは ビデオですか、ステレオですか。
아레와 비데오데스까 스떼레오데스까

B ステレオです。
스떼레오데스

A あなたの カセットはどれですか。
아나따노 카셀또와도레데스까

B これです。
코레데스

A 이것은 무엇입니까?

B 그것은 라디오입니다.

A 저것도 라디오입니까?

B 예, 그렇습니다.

A 이것도 텔레비전입니까?

B 아니오, 그것은 텔레비전이 아닙니다.

A 그러면 무엇입니까?

B 그것은 비디오입니다.

A 저것은 비디오입니까? 스테레오입니까?

B 스테레오입니다.

A 당신 카세트는 어느 것입니까?

B 이것입니다.

これ 이것 ｜ それ 그것 ｜ あれ 저것 ｜ 何(なん、なに) 무엇 ｜ ラジオ 라디오
～は ～은(발음은 「わ」로 읽는 것에 주의하자) ｜ ～です ～입니다 ｜ ～ですか ～입니까?
テレビ 텔레비전 ｜ はい 예 ｜ いいえ 아니오 ｜ ビデオ 비디오 ｜ ステレオ 스테레오
～では ありません ～이 아닙니다(회화체에선 じゃありません) ｜ カセット 카세트

1 긍정문 · 부정문 · 의문문 만들기

(1) 긍정문

| Aは Bです。 | A는 B 입니다. |
| A 와 B 데 스 | |

(2) 부정문

| Aは Bでは ありません。 | A는 B 이(가) 아닙니다. |
| A 와 B 데 와 아 리 마 셍 | |

(3) 의문문

| Aは Bですか。 | A는 B 입니까? |
| A 와 B 데 스 까 | |

- ~は: 조사로서 우리말의 「~은/~는」의 의미로 쓰인다. 주제를 지시하여 강조해 주는 역할을 하며 조사로 쓰일 경우엔 발음이 [wa]로 읽힘에 유의하자.

- ~です: 「~입니다」
  동사에는 붙지 않으며 다른 말 뒤에 붙어 단정을 나타낸다.
  ~です는 ~だ(~이다)의 공손어이다.

- ~ではありません: 「~이/가 아닙니다」
  「です」의 부정형으로 회화체에서는 「じゃ ありません」을 더 많이 쓴다.

※ 여기에서 A, B는 명사

2 なんですか。　무엇입니까?
난 데 스 까

「何」는 원래 「なに」로 읽히나 「た」「で」「の」「と」와 결합시에는 [i]모음이 탈락하여 「なん」으로 발음된다.

例 なに[nani] → なん[nan]　무엇
　 나니　　　　　난

それは なんですか。　그것은 무엇입니까?
소레와　　난 데스까

3   명사 + の + 명사

뒷명사를 설명해 주는 구실을 하며 고유명사에는 쓰지 않는다. 용법으로는 소유, 소속용법과 앞 명사가 뒤 명사의 성질, 상태를 나타내는 용법이 있다.

예 わたしの ほん   내 책
      와 따시 노   홍

      あなたの カセット   당신 카세트
      아 나 따 노 카 셀 또

      日本語の 先生   일본어 선생
      니 홍 고 노   센세―

4   ~も   ~도
       모

예 あれも テレビですか。   저것도 텔레비전입니까?
    아레모   테레비데스까

5   「こ・そ・あ・ど」: 지시대명사 (거리에 따라 근칭 · 중칭 · 원칭 · 부정칭으로 구분)

	근칭	중칭	원칭	부정칭
사물	これ(코레)	それ(소레)	あれ(아레)	どれ(도레)
	이것	그것	저것	어느 것

これ→それ, それ→これ로 질문과 답변이 이루어지나 말하는 이와 답하는 이가 사물로부터 같이 떨어져 있는 경우엔 それ→それ로 문답이 이루어지기도 한다.

PATTERN
문형 익히고 일본어를 쉽게!

それは　　かばん　　です。　　그것은　가방　입니다.
소 레 와　　카 방　　데스

　　　　　ノート　　　　　　　　　노트
　　　　　노―또

　　　　　ハンドバック　　　　　핸드백
　　　　　한 도 박 꾸

それは　　ラジオ　　ではありません。　그것은　라디오　이(가) 아닙니다.
소레와　　라 지 오　데 와 아 리 마 셍

　　　　　カセット　　　　　　　　　카세트
　　　　　카 셀 또

　　　　　テレビ　　　　　　　　　텔레비전
　　　　　테 레 비

これも　　つくえ　　ですか。　　이것도　책상　입니까?
코 레 모　　츠 꾸에　데 스 까

　　　　　いす　　　　　　　　　의자
　　　　　이 스

　　　　　かびん　　　　　　　　화병
　　　　　카 빙

これは　　つくえ　　ですか、　　いす　　ですか。
코 레 와　츠 꾸에　데 스 까　　이 스　　데 스 까

　　　　　テレビ　　　　　　　ビデオ
　　　　　테 레 비　　　　　　비 디 오

　　　　　あなたのほん　　　　わたしのほん
　　　　　아 나 따 노 홍　　　와 따 시 노 홍

이것은　　책상　　입니까?　　의자　입니까?
　　　　텔레비전　　　　　비디오
　　　　당신 책　　　　　내 책

68

EXPRESSION
이 표현만은 꼭 외워요!

|기초인사|

- おはようございます。 안녕하십니까? (오전)
  오하 요— 고자 이마스

- こんにちは。 안녕하십니까? (낮)
  콘 니찌 와

- こんばんは。 안녕하십니까? (저녁)
  콘 반 와

- さようなら。 안녕히 계십시오. / 가십시오.
  사 요— 나 라

- ありがとうございます。 고맙습니다. / 감사합니다.
  아 리가 또— 고 자 이마스

- どういたしまして。 천만에요.
  도— 이 따 시 마 시 떼

- すみません。 미안합니다.
  스 미 마 셍

- ごめんなさい。 실례합니다.
  고 멘 나 사 이

- お元気ですか。 건강하십니까?
  오 겡 끼 데 스 까

- はい、元気です。 예, 건강합니다.
  하 이 겡 끼 데 스

재미있는➡ 의성어·의태어

➡ いらいら (이라이라) 조마조마

➡ うろうろ (우로우로) 허둥지둥, 어정버정, 우왕좌왕

➡ うとうと (우또우또) 꾸벅꾸벅

➡ うかうか (우까우까) 헛되이, 무심코

➡ おいおい (오이오이) 차차, 점점

➡ おどおど (오도오도) 벌벌, 흠칫흠칫

69

관용적으로 쓰이는 말이므로 습관적으로 익혀두면 쓸모가 많아요.

■ 本を あける。
  ほん
  홍 오   아 께 루
  책을 펴다.

■ のびを する。
  노 비 오   스 루
  기지개를 켜다.

■ ざぶとんを 敷く。
  し
  자 부   똥 오   시 꾸
  방석을 깔다.

■ 雨が あがる。
  あめ
  아 메 가   아 가 루
  비가 개다.

■ シャワーを あびる。
  샤   와ー오 아 비 루
  샤워를 하다.

■ 四苦八苦
  し く はっ く
  시 꾸 학 꾸
  온갖 고생

■ 十人十色
  じゅうにんと いろ
  쥬 닝 또 이로
  가지각색

쉽게 익히는 생활용어

● 電気(でんき) 뎅끼 전기

● 机(つくえ) 츠꾸에 책상

● 本(ほん)だな 혼다나 책장

● 洗濯機(せんたくき) 센따꾸끼 세탁기

● 冷蔵庫(れいぞうこ) 레ー조ー꼬 냉장고

● 扇風機(せんぷうき) 셈뿌ー끼 선풍기

● ごみばこ 고미바꼬 쓰레기통

● 時計(とけい) 토께ー 시계

● 椅子(いす) 이스 의자

● 電話(でんわ) 뎅와 전화

70

확인해 보아요!

1 빈칸에 알맞은 말을 넣으시오.

(1) これは 電話(でんわ)ですか。

はい、＿＿＿＿＿＿＿＿ です。

(2) それも ビデオですか。

いいえ、それ ＿＿＿＿＿＿＿＿ ではありません。

(3) あれは せんたくきですか。＿＿＿＿＿＿＿＿ ですか。

れいぞうこです。

あれは ＿＿＿＿＿＿＿＿ ですか。

ステレオです。

2 다음을 일본어로 옮기시오.

(1) 책장은 어느 것입니까?

→＿＿＿＿＿＿＿＿＿＿＿＿＿＿＿＿＿

(2) 그러면, 그것은 무엇입니까?

→＿＿＿＿＿＿＿＿＿＿＿＿＿＿＿＿＿

(3) 저것은 당신 책입니까?

→＿＿＿＿＿＿＿＿＿＿＿＿＿＿＿＿＿

해 답 ....

1. (1) それは電話(でんわ)　　(2) は, ビデオ　　(3) れいぞうこ, 何(なん)

2. (1) 本(ほん)だなはどれですか。

(2) (それ)では、それは何(なん)ですか。

(3) あれはあなたのほんですか。

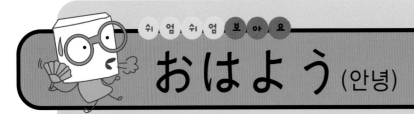

おはよう (안녕)

앞에서 우린 아침인사로 「おはようございます」를 배운 적이 있다.

여기에서의 「ございます」는 「おはよう」에 정중어인 「ございます」를 붙여 정중표현을 만든 것이다.

또 친구나 아랫사람에겐 굳이 정중한 표현보다는 가볍게 「おはよう」라 줄여 말하는 것이 자연스럽다.

일본인을 축소지향형이라 칭한 한국의 학자도 있듯이, 이 「おはよう」를 또 「オッス」라고 줄여서 말하는 그네들(아랫사람, 친한 사이)을 보고 있노라면 두손 두발 다 들 정도이다.

⇨ **どんぐりの背比べ**　　　　도토리 키재기
　　동　구 리노 세 - 구라베

⇨ **異口同音**　　　　　　　이구동성
　　이 꾸도 - 옹

02 初めまして。
はじ

처음 뵙겠습니다.

학습목표

1. 첫 인사 나누기
2. 양자 부정

3. 인칭대명사
4. ~さん ~씨, ~님

문형을 익혀요! ⇨ ⇨ ⇨ ⇨ ⇨

はじめまして。 하 지 메 마 시 떼	처음 뵙겠습니다.
どうぞよろしく。 도ー 조 요 로 시 꾸	잘 부탁합니다.
こちらこそ。 코 찌 라 꼬 소	저야말로
わたし / あなた 와 따 시 아 나 따	나 / 당신
AでもBでもありません。 A 데 모 B 데 모 아 리 마 셍	A도 B도 아닙니다.

金 　初めまして。
하지메마시떼

山田 　初めまして。
하지메마시떼

金 　私は 金です。
와따시와　데스

　どうぞよろしく。
도 ― 조요로시꾸

山田 　私は 山田です。 こちらこそどうぞよろしく。
와따시와 야마다데스 코찌라꼬소도 ― 조요로시꾸

　金さんは 学生ですか。
산 와 각세 ― 데스 까

金 　はい、私は 学生です。
하이 와따시와 각세 ― 데스

　あなたも 学生ですか。
아나따모 각세 ― 데스 까

山田 　いいえ、私は先生です。
이 ― 에 와따시와센세 ― 데스

金 　あのかたは どなたですか。
아노까따와 도나따데스까

山田 　あのかたは 朴さんです。
아노까따와 산 데스

74

해석

金　처음 뵙겠습니다.

山田　처음 뵙겠습니다.

金　저는 김입니다. 잘 부탁합니다.

山田　저는 야마다입니다. 저야말로 잘 부탁합니다.

　　김씨는 학생입니까?

金　예, 저는 학생입니다.

　　당신도 학생입니까?

山田　아니오, 저는 선생입니다.

金　저분은 누구십니까?

山田　저분은 박씨입니다.

 단어와 어휘

初(はじ)めまして 처음 뵙겠습니다. ｜ 私(わたし) 나 ｜ どうぞ 부디, 잘
よろしく 부탁합니다. ｜ 学生(がくせい) 학생 ｜ こちらこそ 이쪽이야말로, 저야말로
あなた 당신, 너 ｜ 先生(せんせい) 선생님 ｜ あの 저 ｜ 方(かた) 분
どなた 어느분, 누구

1 初めまして。　　처음 뵙겠습니다.
　　하지메 마 시 떼

첫인사의 인사말로서「はじめてお目にかかります」라고도 하긴 하지만 일반적으론

「はじめまして」가 많이 쓰인다.

2 わたし / あなた　　나/당신
　　와 따 시 　 아 나 따

가장 많이 사용되는 인칭대명사이며「あなた」의 경우엔 아랫사람이나 친한 경우에서만 쓰이지 윗

사람에겐 쓰지 못한다.

3 どうぞよろしく　　잘 부탁합니다.
　　도 조 　 요 로 시 꾸

「どうぞよろしくお願いします」라고도 하지만 대체로 생략하고「どうぞよろしく」라 하며 손아

랫사람에겐 아예 생략하는 경우도 있다.

4 こちらこそ　　저야말로
　　코 찌 라 꼬 소

「こそ(~야말로)」,「こちら(이쪽)」가 합쳐져서「저야말로」의 의미로 쓰이고 있다.

	근칭	중칭	원칭	부정칭
방향	こちら(코찌라)	そちら(소찌라)	あちら(아찌라)	どちら(도찌라)
	이쪽	그쪽	저쪽	어느 쪽

76

5 ~でも ~でも ありません   ~도 ~도 아닙니다. (양자 부정)
데 모   데 모   아 리 마 셍

> 예 私は 英語の 先生でも 日本語の 先生でもありません。
> 와따시와 에—고노 센세—데모 니 홍고 노 센 세—데모아 리 마 셍
>
> 저는 영어 선생도 일본어 선생도 아닙니다.

6 인칭대명사

1인칭	2인칭	3인칭		
わたくし 나	あなた 당신		ひと 사람	かた 분
わたし 나	きみ 너, 자네	근칭(이)	このひと 이사람	このかた 이분
ぼく 나	おまえ 너	중칭(그)	そのひと 그사람	そのかた 그분
おれ 나		원칭(저)	あのひと 저사람	あのかた 저분
				かれ 그
				かのじょ 그녀
		부정칭(어느)	どのひと 어느사람	どのかた 어느분

*だれ 누구, どなた 어느분, どいつ 어느 녀석

7 さん   ~씨, ~님
상

아래위 관계없이 성이나 이름 등에 붙여 존경을 나타낸다.

잠깐! 「先生」의 경우엔 자체에 존경의 의미까지 내포하고 있으므로 「さん」을 붙이지 않는다.

PATTERN
문형 익히고 일본어를 쉽게!

私は　韓国語の　先生　です。
わたし　かんこくご　せんせい
와따시와　캉꼬꾸고　노　센세―　데 스

金さんの　ともだち
さん　の　토모다찌

学校の　先生
がっこう　せんせい
각꼬― 노　센세―

저는　한국어 선생　입니다.

김씨 친구

학교 선생

あれは　いぬ　でも　ねこ　でも　ありません。
아레와　이 누　데 모　네 꼬　데 모　아리마 셍

社長　部長
しゃちょう　ぶちょう
샤쬬 ―　부쬬 ―

かばん　ハンドバッグ
카 방　한 도 박구

저것은　개　도　고양이　도 아닙니다.
사장　부장
가방　핸드백

あのかた　は　どなた　ですか。
아 노 까 다　와　도 나 따　데스까

あの人　だれ
아 노히또　다 레

저분　은　누구　십니까?

저 사람　누구　입니까?

あのかたは　山田さん　です。
아 노 까 따 와　야마다 산　데 스

金さん
さん

저분은　야마다씨　입니다.

김씨

78

EXPRESSION

이 표현만은 꼭 외워요!

|기초인사|

- はじめまして。
  하 지 메 마 시 떼

  처음 뵙겠습니다.

- どうぞよろしく(おねがいします)。
  도— 조 요로시꾸   오 네 가 이 시 마 스

  잘 부탁합니다.

- (お)久しぶりですね。/ しばらくでした。
  오 히사시 부 리 데 스 네   시 바 라 꾸 데 시 따

  오래간만이군요.

- 私は ～と 申します。
  와 따시 와   또   모—시 마 스

  저는 ～라고 합니다.

- みなさまによろしく。
  미 나 사 마 니 요 로 시 꾸

  모든 분들에게 안부 전해 주십시오.

- ええ、おかげさまで。
  에—   오 까 게 사 마 데

  예, 덕분에요.

- お休みなさい。
  오 야스미 나 사 이

  안녕히 주무세요. (안녕히 가세요.)

- ご紹介します。
  고 쇼—까이시 마 스

  소개하겠습니다.

- しつれいします。
  시 쯔 레— 시 마 스

  실례하겠습니다. (이만 가보겠습니다.)

- じゃあ、また。
  자—   마 따

  그럼, 또 봅시다.

재미있는 ➡ 의성어 · 의태어

- ➡ おずおず (오즈오즈) = ごわごわ, おそるおそる 쭈뼛쭈뼛, 머뭇머뭇
- ➡ かさかさ (카사카사) 바삭바삭, 가칠가칠
- ➡ おろおろ (오로오로) 엉엉, 흑흑, 허둥허둥
- ➡ がさがさ (가사가사) 버석버석, 거칠거칠
- ➡ とぼとぼ (토보또보) 터벅터벅

관용적으로 쓰이는 말이므로 습관적으로 익혀두면 쓸모가 많아요.

- **あくびをする。**
  아 꾸 비 오 스 루
  하품을 하다.

- **あせがでる。**
  아 세 가 데 루
  땀이 나다.

- **メモをとる。**
  메 모 오 토 루
  메모를 하다.

- **日記^{にっき}をつける。**
  닉 끼 오 츠 께 루
  일기를 쓰다.

- **こしをかける。**
  코 시 오 카 께 루
  걸터앉다.

- **大事^{だいじ}を取^とる。**
  다이지 오 토 루
  신중을 가하다.

- **つじつまが合^あう。**
  츠 지 쯔 마 가 아 우
  이치가 맞다.

쉽게 익히는 생활용어

- 小学校(しょうがっこう) 쇼―각꼬― 초등학교
- 中学校(ちゅうがっこう) 츄―각꼬― 중학교
- 高校(こうこう) 코―꼬― 고등학교
- 大学(だいがく) 다이가꾸 대학
- 大学院(だいがくいん) 다이가꾸잉 대학원
- 入学(にゅうがく) 뉴―가꾸 입학
- 卒業(そつぎょう) 소쯔교― 졸업

- 専攻(せんこう) 셍꼬― 전공
- 科(か) 카 과
- 学部(がくぶ) 가꾸부 학부, 단과대학

1 빈칸에 알맞은 말을 넣으시오.

(1) あなた ＿＿＿＿＿＿＿ 学生ですか。

あなた ＿＿＿＿＿＿＿ 学生ですか。
（がくせい）

はい、私 ＿＿＿＿＿＿＿ 学生です。
（わたし）　　　　　　（がくせい）

(2) 金さんは 会社員ですか。
　　　　　　　（かいしゃいん）

いいえ、金さんは ＿＿＿＿＿＿＿ ではありません。

(3) あのかたは 田中さんですか。
　　　　　　　　　（たなか）

はい、＿＿＿＿＿＿＿ は ＿＿＿＿＿＿＿。

2 다음을 일본어로 옮기시오.

(1) 저야말로 잘 부탁합니다.

→ ＿＿＿＿＿＿＿＿＿＿＿＿＿＿＿＿＿＿＿＿

(2) 저는 영어 선생도 일본어 선생도 아닙니다.

→ ＿＿＿＿＿＿＿＿＿＿＿＿＿＿＿＿＿＿＿＿

(3) 김 씨는 어느 분입니까?

→ ＿＿＿＿＿＿＿＿＿＿＿＿＿＿＿＿＿＿＿＿

해답

1. (1) は, は　　(2) 会社員(かいしゃいん)　　(3) あのかた, 田中(たなか)さんです

2. (1) こちらこそどうぞよろしく。

(2) 私は 英語の 先生でも日本語の 先生でもありません。
　　（わたし）（えいご）（せんせい）（にほんご）（せんせい）

(3) 金さんは どのかたですか。

81

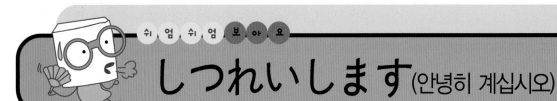

しつれいします (안녕히 계십시오)

「안녕히 계십시오」를 우린 「さようなら」라 공부한 적이 있다. 물론 「さようなら」는 헤어질 때 쓰는 인사말이긴 하지만 주로 동등한 관계에서나 쓰이곤 한다. 하지만 예의를 갖춘 자리에서는 「しつれいします」를 쓰도록 하자.

「しつれいします」의 직역은 「실례합니다」이지만 「먼저 가 보겠습니다」의 의미가 숨어 있다.

비슷한 말로는 「もうおいとまいたします」가 있다.

*あいとま : 작별

➡ しらぬが 仏 (ほとけ)
시라누가 호또께　　　　　　모르는 게 약

➡ 油断大敵 (ゆだんだいてき)
유단다이떼끼　　　　　　方심은 금물

82

03 ここにパソコンがあります。

여기에 개인용 컴퓨터가 있습니다.

학습목표

1. 장소의 지시대명사
2. 동작성이 없는 것의 존재 : あります

3. 조사 : に、と、や
4. 소유의 の

문형을 익혀요! ⇨ ⇨ ⇨ ⇨ ⇨

ここに ～が あります。
코 꼬니　　가 아리마스

여기에 ～가 있습니다.

～は だれのですか。～のです。
와　다레노데스까　　　노데스

～와 누구 것입니까? ～것입니다.

～は どこに ありますか。
와　도꼬니　아리마스 까

～와 어디에 있습니까?

ここに ～と ～が あります。
코 꼬니　또　　가 아리마스

여기에 ～와 ～가 있습니다.

～に 何が ありますか。
　니 나니가　아리마스 까

～에 무엇이 있습니까?

～に ～や ～が あります。
　니　　야　　가 아리마스

～에 ～랑 ～등이 있습니다.

83

A　そこに 何が ありますか。
　　소꼬니 나니가　아리마스까

B　ここに パソコンが あります。
　　코꼬니 파소꽁　가　아리마스

A　テーブルの 上の 書類は だれのですか。
　　테-부루노 우에노　쇼루이와　다레노데스까

B　田中さんのです。
　　　　　산　노데스

A　はんこは どこにありますか。
　　항꼬와　도꼬니아리마스까

B　引き出しの 中にあります。
　　히끼다시노　나까니아리마스

A　そこに しゅにくも ありますか。
　　소꼬니　슈니꾸모아리마스까

B　いいえ、ここには しゅにくは ありません。
　　이-에　코꼬니와　슈니꾸와　아리마셍

A　引き出しの 中に 何が ありますか。
　　히끼다시노　나까니 나니가　아리마스까

B　鋏や のりなどがあります。
　　하사미야　노리나도가아리마스

A　かばんの 中に 何が ありますか。
　　카방노　나까니 나니가　아리마스까

B　書類とボールペンが あります。
　　쇼루이또보-루펭가　아리마스

84

해 석

A 거기에 무엇이 있습니까?

B 여기에 개인용 컴퓨터가 있습니다.

A 테이블 위의 서류는 누구 것입니까?

B 다나까씨 것입니다.

A 도장은 어디에 있습니까?

B 서랍 속에 있습니다.

A 거기에 인주도 있습니까?

B 아니오, 여기에는 인주는 없습니다.

A 서랍 안에 무엇이 있습니까?

B 가위랑 풀 등이 있습니다.

A 가방 속에 무엇이 있습니까?

B 서류와 볼펜이 있습니다.

 단어와 어휘

そこ 거기 │ 何(なに) 무엇 │ が 이, 가 │ あります 있습니다 │ ここ 여기
パソコン 개인용 컴퓨터 │ テーブル 테이블 │ 上(うえ) 위 │ 書類(しょるい) 서류
だれ 누구 │ の ~의 것 │ はんこ 도장 │ どこ 어디 │ 引(ひ)き出(だ)し 서랍
しゅにく 인주 │ 鋏(はさみ) 가위 │ や ~랑, ~이나 │ のり 풀
かばん 가방 │ と ~와 │ ボールペン 볼펜

85

문법으로 익혀요!

1 지시대명사 (장소)

	근칭	중칭	원칭	부정칭
장 소	ここ(코꼬)	そこ(소꼬)	あそこ(아소꼬)	どこ(도꼬)
	여기	거기	저기	어디

「こ・そ・あ・ど」지시대명사에 장소를 나타내는 지시대명사이다.

2 あります   있습니다
아 리 마 스

「존재하다, 있다」인 ある동사에 ます가 붙어 정중형을 나타내고 있다. 동작성이 없는 주체가 존재할 경우에 쓰이며, 사람이나 동물 등 동작성이 있는 경우엔 쓰이지 못한다(단, 존재나 소유를 강조할 때에는 쓸 수도 있다). 부정형은 ありません이다.

예 ノートが あります。   노트가 있습니다.
　　노ー또가 아리마스

　ノートは ありません。   노트는 없습니다.
　　노ー또와 아리마셍

＊ ノートでは ありません。   노트가 아닙니다.
　　노ー또데와 아리마셍

3 ～に   ～에
니

장소를 나타내는 조사이다.

예 そこに 何が ありますか。   거기에 무엇이 있습니까?
　　소꼬니 나니가 아리마스까

4 ~や ~など   ~랑 ~등
야   나 도

여기서 や는 일부분을 열거해 주는 역할을 한다.

예 はさみや のりなどが あります。   가위랑 풀 등이 있습니다.
하사 미 아 노 리나 도 가 아 리 마 스

ほん
本や ノートなどが あります。   책이랑 노트 등이 있습니다.
홍아   노― 또나 도 가 아 리 마스

5 ~と   ~와, ~과
또

열거를 나타내는 조사이다.

예 はんこと しゅにく。   도장과 인주
항 꼬또   슈 니꾸

しょるい
書類と ボールペン。   서류와 볼펜
쇼류이또   보―루 뺑

6 ~の   ~의 것
노

소유를 나타내는 조사이다.

예 これは 金さんのです。   이것은 김씨의 것입니다.
코레 와   산 노데 스

ここに　書類　が あります。　여기에　서류　가(이)　있습니다.
코꼬니　쇼루이　가 아리마스

　　　　事務室　　　　　　　　　　　　사무실
　　　　지무시쯔

　　　　はんこ　　　　　　　　　　　　도장
　　　　항 꼬

これは　木村さん　のですか。　이것은　기무라씨　의 것입니까?
코레 와　키무라 산　노 데스 까

　　　　金さん　　　　　　　　　　　　김씨
　　　　산

　　　　だれ　　　　　　　　　　　　　누구
　　　　다 레

わたし　と　あなた　　　　　나　와(과)　당신
와따시　또　아나 따

本　　　　ノート　　　　　책　　　　노트
홍　　　　노ー또

えんぴつ　や　ボールペン　などが あります。
엠 삐쯔　야　보ー루 뻰　나도가 아 리마스

はんこ　　　しゅにく
항 꼬　　　슈 니꾸

つくえ　　　いす
츠 꾸에　　　이스

연필　이랑　볼펜　등이 있습니다.
도장　　　　인주
책상　　　　의자

- いってまいります。
  일　떼마이리마스

  다녀오겠습니다.

- いってらっしゃい。
  일　떼랏샤이

  다녀오세요.

- いっていらっしゃい。
  일　떼이랏샤이

  다녀오십시오.

- ただいま。
  타다이마

  다녀왔습니다.

- お帰りなさい。
  ^{かえ}
  오까에리나사이

  어서 돌아오십시오.

- いただきます。
  이따다끼마스

  잘 먹겠습니다.

- ごちそうさまでした。
  곳소―사마데시따

  맛있게 잘 먹겠습니다.

- おそまつさまでした。
  오소마쯔사마데시따

  변변치 못했습니다.

- もうすこしいかがですか。
  모―스꼬시이까가데스까

  좀 더 드시겠습니까?

- もう けっこうです。
  모― 켁꼬―데스

  이제 됐습니다.

재미있는 ➡ 의성어 · 의태어

➡ しんと　　(신또)　　고요함

➡ どっしり　(돗시리)　묵직이, 의젓하게

➡ ずけずけ　(즈께즈께)　쑥쑥, 거침없이

➡ のらくら　(노라꾸라)　빈둥빈둥

➡ どきどき　(도끼도끼)　두근두근

➡ ずるずる　(즈루즈루)　질질, 줄줄

관용적으로 쓰이는 말이므로 습관적으로 익혀두면 쓸모가 많아요.

- **あいそをつかす。**
  아이소오츠까스

  정나미 떨어지다.

- **いきをする。**
  이끼오스루

  숨쉬다(한숨 쉬다).

- **るす にする。**
  루스 니스루

  외출하여 집을 비우다.

- **約束を果たす。**
  약소꾸 오 하 따스

  약속을 지키다.

- **こえをだす。**
  코에오다스

  소리를 내다.

- **大事を取る。**
  다이지 오 토 루

  신중을 가하다.

쉽게 익히는 생활용어

1	いち 이찌	6	るく 로꾸	100		ひゃく 햐꾸	
2	に 니	7	しち(なな) 시찌(나나)	1,000		せん 셍	
3	さん 상	8	はち 하찌	10,000		いちまん 이찌 망	
4	し(よん) 시(용)	9	く(きゅう) 쿠(큐ー)	100,000		じゅうまん 쥬ー 망	
5	ご 고	10	じゅう 쥬ー	1,000,000		ひゃくまん 햐꾸 망	

1 빈칸에 알맞은 말을 넣으시오.

(1) ここ _____ はんこ _____ あります。

(2) テーブル _____ 上^{うえ} _____ 書類^{しょるい} _____ だれ

_____ ですか。 田中^{たなか}さんのです。

(3) 事務室^{じむしつ}の 中^{なか} _____ テーブル _____ パソコンが

あります。

(4) はんこはどこ _____ ありますか。

引^ひき出^だしの 中^{なか}に あります。

2 다음을 일본어로 옮기시오.

(1) 거기에 볼펜도 있습니까?

→ _____

(2) 가위랑 풀 등이 있습니다.

→ _____

(3) 가방 속에 무엇이 있습니까?

→ _____

해 답
....
1. (1) に, が　　(2) の, の, は, の　　(3) に, と　　(4) に

2. (1) そこに ボールペンも ありますか。

(2) はさみや のりなどが あります。

(3) かばんの 中(なか)に 何(なに)が ありますか。

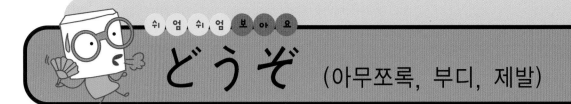

どうぞ (아무쪼록, 부디, 제발)

どうぞ는 상대방에 대한 권유나 허가를 나타낼 때 쓰이는, 쓰임새가 많은 말이다. 다른 말을 구태여 안 쓰더라도 그 자체만으로도 충분히 의사를 전달해 주는, 영어로 친다면 please에 가깝다고나 할까?

- どうぞよろしく。 　　　　　　　잘 부탁드립니다.
- お茶^{ちゃ}をどうぞ。 　　　　　　차 드십시오.
- どうぞ。 　　　　　　　　　　　자, 먼저
  = おさきにしつれいします。　먼저 실례하겠습니다.

➡ 窮^{きゅう}すれば通^{つう}ず　막다른 곳에 몰려 난처해지면 오히려 길이 보인다는 뜻
　 큐ー스레바 츠ー즈

➡ 栄枯盛衰^{えいこせいすい}　흥망성쇠
　 에ー꼬세ー스이

첫걸음

04

<ruby>事<rt>じ</rt></ruby><ruby>務<rt>む</rt></ruby><ruby>室<rt>しつ</rt></ruby>の<ruby>中<rt>なか</rt></ruby>にだれがいますか。

사무실 안에 누가 있습니까?

학습목표

1. 동작성이 있는 것의 존재 : います

2. だれが(누가)・だれか(누군가)・なにが(무엇이)・なにか(무언가)

3. ～で ~이고, ~이며

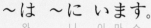

문형을 **익혀요!** ⇨   ⇨   ⇨   ⇨   ⇨   **동작성이 없는 것**

～は ～に います。 와　　니　이마스	~은 ~에 있습니다.
～に だれが いますか。 니　다레가　이마스까	~에 누가 있습니까?
～に だれか いますか。 니　다레까　이마스까	~에 누군가 있습니까?
～に <ruby>何<rt>なに</rt></ruby>が ありますか。 니　나니가　아리마스까	~에 무엇이 있습니까?
～に <ruby>何<rt>なに</rt></ruby>か ありますか。 니　나니까　아리마스까	~에 무언가 있습니까?
だれも いません。 다레모　이마셍	아무도 없습니다.
<ruby>何<rt>なに</rt></ruby>も ありません。 나니모　아리마셍	아무 것도 없습니다.
どこにも いません。/ ありません。 도꼬니모　이마셍　　아리마셍	어디에도 없습니다.

93

A あそこに 男の人と 女の人がいます。
<small>おとこ ひと おんな ひと</small>
아 소 꼬 니 오또꼬노 히또 또 온나 노히또 가 이 마 스

B 男の人は 山田さんで、女の人は 朴さんです。
<small>おとこ ひと やまだ おんな ひと</small>
오또꼬노 히또 와 야마다 산 데 온나 노 히또 와 산 데 스

A 事務室の 中に だれが いますか。
<small>じ む しつ なか</small>
지 무 시쯔 노 나까니 다 레 가 이 마 스 까

B 木村さんが います。
<small>きむら</small>
키무라 상 가 이마스

A ロビーには だれか いますか。
로 비 ― 니 와 다 레 까 이 마 스 까

B いいえ、だれも いません。
이 ― 에 다 레 모 이 마 셍

A テーブルの 上に 何が ありますか。
<small>うえ なに</small>
테 ― 부 루 노 우에 니 나니 가 아 리 마 스 까

B 本や ノートや えんぴつなどが あります。
<small>ほん</small>
홍 야 노 ― 또 야 엠 삐 쯔나 도 가 아 리 마 스

A かばんの 中に 何か ありますか。
<small>なか なに</small>
카 반 노 나까니 나니 까 아 리 마 스 까

B いいえ、何も ありません。
이 ― 에 나니 모 아 리 마 셍

해석

A 저기에 남자와 여자가 있습니다.

B 남자는 야마다 씨이고, 여자는 박 씨입니다.

A 사무실 안에 누가 있습니까?

B 기무라 씨가 있습니다.

A 로비에는 누군가 있습니까?

B 아니오, 아무도 없습니다.

A 테이블 위에 무엇이 있습니까?

B 책이랑 노트랑 연필 등이 있습니다.

A 가방 속에 무언가 있습니까?

B 아니오, 아무것도 없습니다.

단어와 어휘

あそこ 저기 ｜ 男(おとこ)の人(ひと) 남자 ｜ 女(おんな)の人(ひと) 여자

さん 씨 ｜ 事務室(じむしつ) 사무실 ｜ 中(なか) 안, 속 ｜ だれが 누가

だれか 누군가 ｜ います 있습니다(동작성이 없는 주체) ｜ だれも 아무도

ロビー 로비 ｜ ノート 노트 ｜ 本(ほん) 책 ｜ かばん 가방 ｜ えんぴつ 연필

何(なに)か 무언가 ｜ 何(なに)が 무엇이 ｜ 何(なに)も 아무 것도

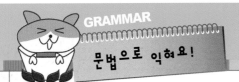

GRAMMAR

문법으로 익혀요!

1 | います。　　　있습니다. (동작성이 있는 것의 존재)
이 마 스

사람・동물과 같은 동작성이 있는 것의 존재를 나타낸다.

> **예** 金さんが います。　　　김씨가 있습니다.
> 　　상　가 이 마 스
>
> とりが います。　　　새가 있습니다.
> 토 리가　이 마 스

* 단순한 소유나 존재를 나타낼 때는 「あります」를 쓸 수도 있다. 역으로 동작성이 없는 경우
에도 동작성이 있다고 보여질 땐 「います」를 쓸 수도 있다.

> 私には 男の子が あります。　　내게는 사내아이가 있습니다.
> 와따시니와 오또꼬노꼬가 아리 마스
>
> あちらに タクシーがいます。　　저기에 택시가 있습니다.
> 아찌 라 니　타꾸시－　가 이 마 스

2 | 묻는 경우

· なにが : 무엇이(있는 것이 무엇인지를 묻는 경우이다.)
　나 니 가

· なにか : 무언가 (뭔가 있는가를 묻는 경우이다.)
　나 니 까

· だれが : 누가 (있는 사람이 누구인지를 묻는 경우이다.)
　다 레 가

· だれか : 누군가(누군가 있는지를 묻는 경우이다.)
　다 레 까

> じ む しつ
> **예** 事務室に だれが いますか。　　사무실에 누가 있습니까?
> 지무시쯔니 다 레가　이 마 스 까
>
> じ む しつ
> 事務室に だれか いますか。　　사무실에 누군가 있습니까?
> 지무시쯔니 다 레 까　이 마스 까

3 　～で　　～이고, ~이며
데

おとこひと　　やまだ　　　　おんな ひと
例　男の人は 山田さんで 女の人は 朴さんです。
오또꼬노히또와야마다 산 데 온나노히또와　　산　데스

남자는 야마다 씨이고, 여자는 박 씨입니다.

4 　위치명사

위	上(うえ) 우에	왼쪽	左(ひだり) 히 다 리
아래	下(した) 시 따	오른쪽	右(みぎ) 미 기
앞	前(まえ) 마에	곁	そば 소 바
뒤	後ろ(うしろ) 우 시 로	이웃,옆	隣(となり) 토 나 리
안, 속	中(なか) 나 까	반대편	反対側(はんたいがわ) 한 따 이가 와
밖	外(そと) 소 또	건너편	向(むこ) う側(がわ) 무 꼬ー　　가 와
옆	横(よこ) 요 꼬	비스듬히	ななめ 나 나 메

金さん は 事務室 に います。
산 와 지무시쯔 니 이마스

ねこ にわ
네꼬 니와

김씨 는 사무실 에 있습니다.
고양이 뜰

教室 の 中に だれが いますか。
쿄-시쯔 노 나까니 다레가 이마스까

事務室 だれか
지무시쯔 다레까

교실 안에 누가 있습니까?
사무실 누군가

テーブルの 上 に なにが ありますか。
테-부루노 우에 니 나니가 아리마스까

いすの 下 なにか
이스노 시따 나니까

테이블 위 에 무엇이 있습니까?
의자 밑 무언가

だれも いません。 아무도 없습니다.
다레모 이마셍

なにも ありません。 아무 것도 없습니다.
나니모 아리마셍

98

- ~ごろ いらっしゃって くださいませんか。
  고 로 이 랏 샫 떼 구 다 사 이 마 셍 까
  ~쯤 와주시지 않겠습니까?

- おひまでしたら お寄りください。
  오 히 마 데 시 따라 오 요 리 구 다 사 이
  시간 있으시면 들려주십시오.

- ご都合は いかがですか。
  고 쯔 고 와 이 까 가 데 스 까
  사정은 어떠십니까?

- おまねき ありがとうございます。
  오 마 네 끼 아 리 가 또— 고 자 이 마 스
  초대해 주셔서 감사합니다.

- どうぞ、お上がりください。
  도— 조 오 아 가 리 구 다 사 이
  어서 들어오십시오.

- よくいらっしゃいました。
  요꾸 이 랏 샤 이 마 시 따
  잘 와 주셨어요.

- ごめんください。
  고 멩 구 다 사 이
  실례합니다.

- おじゃまして すみません。
  오 자 마 시 떼 스 미 마 셍
  방해해서 죄송합니다.

- お口に合うかどうかわかりませんが、召し上がって
  오 구 찌 니 아 우 까 도— 까 와 까 리 마 셍 가 메 시 아 갇 떼
  くださいません。
  구 다 사 이
  입에 맞으실지 어떨지 모르겠지만 드십시오.

- もうおいとま いたします。
  모— 오 이 또 마 이 따 시 마 스
  이제 가봐야겠습니다.

재미있는 ➡ 의성어 · 의태어

➡ こそこそ	(코소꼬소)	살금살금, 소근소근
➡ そっと	(솓또)	가만히, 살짝
➡ ちらちら	(치라찌라)	팔랑팔랑, 가물가물, 깜박깜박
➡ ごろごろ	(고로고로)	데굴데굴, 우르르(천둥소리), 빈둥빈둥
➡ チューチュー	(츄—쮸—)	찍찍(쥐)
➡ よたよた	(요따요따)	비틀비틀

관용적으로 쓰이는 말이므로 습관적으로 익혀두면 쓸모가 많아요.

- 手を ふく。
  테 오 후 꾸
  손을 닦다.

- 手を 洗う。
  테 오 아라우
  손을 씻다.

- 顔を 洗う。
  카오 오 아라우
  세수하다.

- トイレに 行く。
  토 이 레 니 이꾸
  화장실에 가다.

- ふとんを たたむ。
  후 똥 오 타 따 무
  이불을 개다.

- 途方にくれる。
  토호— 니 쿠 레 루
  어찌할 바를 모르다, 망연자실하다.

- 引けを取る。
  히 께 오 토 루
  지다.

쉽게 익히는 생활용어

家族(かぞく) 카조꾸 가족

祖父(そふ) 소후 (내)할아버지 　　おじいさん 오지—상 할아버지

祖母(そぼ) 소보 (내)할머니 　　おばあさん 오바—상 할머니

ちち 치찌 (내) 아버지 　　お父(とう)さん 오또—상 아버지

はは 하하 (내) 어머니 　　お母(かあ)さん 오까—상 어머니

姉(あね) 아네 (내)누나, 언니 　　おねえさん 오네—상 누나, 언니

兄(あに) 아니 (내)형, 오빠 　　おにいさん 오니—상 형님, 오빠

息子(むすこ) 무스꼬 아들 　　子供(こども) 코도모 아이

妹(いもうと) 이모—또 여동생 　　弟(おとうと) 오또—또 남동생

娘(むすめ) 무스메 딸

1 빈칸에 알맞은 말을 넣으시오.

(1) あそこに 電話が ＿＿＿＿＿＿＿。
（でんわ）

(2) にわに ねこが ＿＿＿＿＿＿＿。

(3) かばんの 中に ＿＿＿＿＿＿＿ ありますか。
（なか）

いいえ なにも ありません。

2 다음을 일본어로 옮기시오.

(1) 남자는 야마다 씨이고, 여자는 박 씨입니다.

→＿＿＿＿＿＿＿＿＿＿＿＿＿＿＿＿＿＿＿

(2) 테이블 위에 무언가 있습니까?

→＿＿＿＿＿＿＿＿＿＿＿＿＿＿＿＿＿＿＿

(3) 로비에 누가 있습니까?

→＿＿＿＿＿＿＿＿＿＿＿＿＿＿＿＿＿＿＿

해답

1. (1) あります　　(2) います　　(3) なにか

2. (1) 男(おとこ)の 人(ひと)は 山田さんで、女(おんな) 人(ひと)は 朴さんです。

(2) テ— ブルの 上(うえ)に 何(なに)か ありますか。

(3) ロビ— に だれが いますか。

名刺[めいし] (명함)

　　우리 나라에서도 마찬가지겠지만 일본인과의 비즈니스에 있어서 빠뜨릴 수 없는 것이 바로 명함이다.

　　그렇다면 그 예절에 있어서도 정중함을 잃지 말아야 할 것이다. 우선 건넴에 있어 상대편이 명함을 잘 볼 수 있게 배려하고, 받을 때도 그 사람에 대한 관심을 표명해 줘야 실망하지 않는다. 이름을 잘 읽을 수 없을 땐 물어보는 것이 상례이나 요즘엔 뒷면에 영문 표기를 하니 그 수고를 많이 덜어주고 있는 셈이다.

　　일본으로 출장갈 일이 생긴다면 이름 한자에 ふりがな를 달아주는 것도 좋지 않을까 (그네들이 자기네 식으로 한자를 읽으면 곤란할 것 같으니까)

➡ 焼け石に 水
　　야 께이 시니 미즈
　　　　　　　　　　아무리 노력해도 소용없음(계란으로 바위 치기)

➡ 画竜点晴
　　가료―덴세―
　　　　　　　　　　화룡점정

05 男の人が六人と女の人が一人います。
남자가 6명, 여자가 1명 있습니다.

학습목표

1. いくつ ありますか   3. 수사

2. 何人 いますか   4. 조사 : しか、も、だけ

문형을 익혀요! ⇨   ⇨   ⇨   ⇨   ⇨

~は いくつ ありますか。
와 이꾸쯔 아리마스까
~은 몇 개 있습니까?

~は 何人 いますか。
와 난닝 이마스까
~은 몇 명 있습니까?

~しか ありません。/ いません。
시 까 아리마 셍   이마 셍
~밖에 없습니다.

~も あります。/ います。
모 아리마스   이 마스
~도
~나   있습니다.

~だけ ですか。
다 께 데스까
~뿐입니까?

103

A　すいかは たくさん ありますか。
스 이 까 와 탁　　상　아 리 마 스 까

B　いいえ、すいかは 一<ruby>つ<rt>ひと</rt></ruby>しか ありません。
이 ─ 에　스 이 까 와 히또 쯔 시 까　아 리 마 셍

A　りんごは いくつ ありますか。
링 고 와 이 꾸 쯔　아 리 마 스 까

B　りんごは 七<ruby>つ<rt>なな</rt></ruby> あります。
링 고 와 나 나 쯔　아 리 마 스

A　なしも ありますか。
나 시 모　아 리 마 스 까

B　はい、なしも あります。
하 이　나 시 모　아 리 마 스

A　みかんは ありませんか。
미 깡　와 아 리 마 셍　까

B　はい、みかんは 一<ruby>つ<rt>ひと</rt></ruby>も ありません。
하 이 미 깡　와　히또 쯔 모　아 리 마 셍

A　<ruby>事務室<rt>じむしつ</rt></ruby>に <ruby>人<rt>ひと</rt></ruby>は <ruby>何人<rt>なんにん</rt></ruby> いますか。
지 무 시 쯔　니　히또 와　난 닝　이 마 스 까

B　<ruby>男<rt>おとこ</rt></ruby>の<ruby>人<rt>ひと</rt></ruby>が <ruby>六人<rt>ろくにん</rt></ruby>と <ruby>女<rt>おんな</rt></ruby>の<ruby>人<rt>ひと</rt></ruby>が <ruby>一人<rt>ひとり</rt></ruby>います。
오또꼬노 히또 가　로꾸 닌 또　온나 노 히또 가　히또리 이 마 스

A　<ruby>平社員<rt>ひらしゃいん</rt></ruby>が <ruby>二人<rt>ふたり</rt></ruby>も います。
히 라 샤 잉 가 후따리 모　이 마 스

해석

A 수박은 많이 있습니까?

B 아니오, 수박은 하나밖에 없습니다.

A 사과는 몇 개 있습니까?

B 사과는 일곱 개 있습니다.

A 배도 있습니까?

B 예, 배도 있습니다.

A 귤은 없습니까?

B 예, 귤은 하나도 없습니다.

A 사무실에 사람이 몇 명 있습니까?

B 남자가 6명, 여자가 1명 있습니다.

A 평사원이 2명이나 있습니다.

단어와 어휘

すいか 수박 | たくさん 많이, 많음 | ～しか ～밖에 | りんご 사과
いくつ 몇개 | なし 배 | みかん 귤 | ～も ～도 | 何人(なんにん) 몇 명
平社員(ひらしゃいん) 평사원 | ～も ～나

1 何人 (なんにん / 난 닝)   몇 명

조수사 人(にん)을 붙여 몇 명인지를 물어볼 수 있다.

2 수사

일본어의 수사는 고유수사 「ひとつ(하나), ふたつ(둘), みっつ(셋)…」과 한자수사 「いち(1), に(2), さん(3)…」가 있다. 특히 고유수사는 현대구어체에서는 10까지 밖에 없으며 조수사를 붙이지 않는다.

예 ビール 二本(にほん)。   (○)
   비ー루 니 홍

   ビール ふた本(ほん)。   (×)
   비ー루 후 따 홍

물론 예외적인 경우도 있다.

예 一人(ひとり) (한 사람)   二人(ふたり) (두 사람)   사람
   히또리   후따리

   一粒(ひとつぶ) (한 알)   二粒(ふたつぶ) (두 알)   조그만 알갱이
   히또쯔부   후따쯔부

   一箱(ひとはこ) (한 갑)   二箱(ふたはこ) (두 갑)   담배
   히또하꼬   후따하꼬

>>> **고유수사**

하나	둘	셋	넷	다섯	여섯	일곱	여덟	아홉	열
ひと 一つ	ふた 二つ	みっ 三つ	よっ 四つ	いつ 五つ	むっ 六つ	なな 七つ	やっ 八つ	ここの 九つ	とお 十
히또쯔	후따쯔	밑쯔	욛쯔	이쯔쯔	묻쯔	나나쯔	얃 쯔	코꼬노쯔	토ー

>>> 한자수사

0	ゼロ	17	じゅうしち/なな	700	ななひゃく
1	いち	18	じゅうはち	800	はっぴゃく
2	に	19	じゅうく/きゅう	900	きゅうひゃく
3	さん	20	にじゅう	1,000	せん
4	し/よん	30	さんじゅう	2,000	にせん
5	ご	40	よんじゅう	3,000	さんぜん
6	ろく	50	ごじゅう	4,000	よんせん
7	しち/なな	60	ろくじゅう	5,000	ごせん
8	はち	70	ななじゅう	6,000	ろくせん
9	く/きゅう	80	はちじゅう	7,000	ななせん
10	じゅう	90	きゅうじゅう	8,000	はっせん
11	じゅういち	100	ひゃく	9,000	きゅうせん
12	じゅうに	200	にひゃく	10,000	いちまん
13	じゅうさん	300	さんびゃく	100,000	じゅうまん
14	じゅうよん/し	400	よんひゃく	1,000,000	ひゃくまん
15	じゅうご	500	ごひゃく	10,000,000	せんまん
16	じゅうろく	600	ろっぴゃく		

3 いくつ　몇 개
이 꾸 쯔

수량 혹은 나이를 물을 때 쓰인다.

예 りんごは いくつ ありますか。　　사과는 몇 개 있습니까?
링 고 와 이 꾸 쯔 아 리 마 스 까

おいくつですか。　　　　　　　몇 살이십니까?
오 이 꾸 쯔 데 스 까

りんご は いくつ ありますか。
링 고 　 와 　 이꾸쯔 아리마스 까

사과 　은(는) 몇 개 있습니까?

すいか
스 이 까

수박

たまご
타 마 고

계란

おとこ ひと 　　　 なんにん
男の人 は 何人 いますか。
오또꼬노 히또 　 와 　 난 닝 　이마스 까

남자 　이(가) 몇 명 있습니까?

おんな ひと
女の人
온나노 히또

여자

しゃいん
社員
샤 잉

사원

いつ
五つ も います。
이쯔쯔 　 모 　 이 마스

다섯개 　(이)나 있습니다.

ふたり
二人
후따리

두 명

- おかわり ありませんか。
  오 까 와 리 아 리 마 셍 까
  변함 없으십니까?

- お元気ですか。
  오 겡 끼 데 스 까
  건강하십니까?

- おかげさまで 元気です。
  오 까 게 사 마 데 겡 끼 데 스
  덕분에 건강합니다.

- ごぶさたして おります。
  고 부 사 따 시 떼 오 리 마 스
  오래 연락 못 드렸습니다.

- お仕事は いかがですか。
  오 시 고 또 와 이 까 가 데 스 까
  하시는 일은 어떠십니까?

- ～さんは いかがですか。
       산 와   이 까 가 데 스 까
  ～씨는 어떠십니까?

- まあまあです。
  마— 마— 데 스
  그저 그렇습니다.

- あいかわらずです。
  아 이 까 와 라 즈 데 스
  여전합니다.

- おだいじに。
  오 다 이 지 니
  몸 조심 하십시오.

- みなさまによろしく。
  미 나 사 마 니 요 로 시 꾸
  모든 분들께 안부 전해 주십시오.

재미있는 ➡ 의성어 · 의태어

➡ むしむし (무시무시)   푹푹(날씨)

➡ めきめき (메끼메끼)   눈에 띄게, 눈부시게, 무럭무럭

➡ さっぱり (삽빠리)   산뜻한

➡ カーカー (카—까—)   까악까악(까마귀)

➡ ゆさゆさ (유사유사)   흔들흔들

➡ ねちねち (네찌네찌)   끈적끈적, 추근추근

IDIOMS

관용어구로 익혀요!

관용적으로 쓰이는 말이므로 습관적으로 익혀두면 쓸모가 많아요.

■ **ふとんをしく。**
후 똥 오시 꾸
이불을 깔다.

■ **電話を 掛ける。**
でんわ か
뎅 와 오 카 께 루
전화를 걸다.

■ **電話を 切る。**
でんわ き
뎅 와 오 키 루
전화를 끊다.

■ **電気を つける。**
でんき
뎅 끼 오 츠 께 루
전기를 켜다.

■ **電気を けす。**
でんき
뎅 끼 오 케 스
전기를 끄다.

■ **水にながす。**
みず
미즈 니 나 가 스
지난 일을 잊다.

■ **歯止めをかける。**
はど
하 도 메 오 카 께 루
브레이크를 걸다.

쉽게 익히는 생활용어 ●●●

→ 和食(わしょく) 와쇼꾸 일식 　　　　うどん 우동 우동

→ 刺身(さしみ) 사시미 생선회 　　　　寿司(すし) 스시 생선초밥

→ 味噌汁(みそしる) 미소시루 된장국 　　てんぷら 템뿌라 오뎅, 튀김

→ すき焼(やき) 스끼야끼 전골 　　　　ふぐちり 후구찌리 복남비

→ おにぎり 오니기리 주먹밥

→ わさび 와사비 고추냉이

110

1 빈칸에 알맞은 말을 넣으시오.

(1) りんごは 二^{ふた}つ ＿＿＿＿＿＿ ありません。

(2) 日本人^{にほんじん}は 二人^{ふたり} ＿＿＿＿＿＿ です。

(3) 男^{おとこ}の 人^{ひと}は 五人^{ごにん} ＿＿＿＿＿＿ います。

2 다음을 일본어로 옮기시오.

(1) 배는 두 개밖에 없습니다.

→＿＿＿＿＿＿＿＿＿＿＿＿＿＿＿＿＿＿

(2) 수박은 하나도 없습니다.

→＿＿＿＿＿＿＿＿＿＿＿＿＿＿＿＿＿＿

(3) 회사에는 한국인 뿐입니까?

→＿＿＿＿＿＿＿＿＿＿＿＿＿＿＿＿＿＿

해답
1. (1) しか (2) だけ (3) も
2. (1) なしは 二(ふた)つしか ありません。
(2) すいかは 一(ひと)つも ありません。
(3) 会社(かいしゃ)には 韓国人(かんこくじん)だけですか。

111

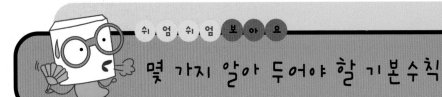
(1) 쉼표는 「、」, 마침표는 「。」로 표시한다.

(2) 물음표나 느낌표는 거의 사용하지 않는다.

(3) 々 : 같은 글자가 연이어질 때 쓴다.

しょうしょう
少々 잠깐, 조금
쇼―쇼―

ときどき
時々 때때로
토끼도끼

(4) 연탁 : 두 단어가 붙어 한 단어를 이룰 때 뒤에 오는 첫 음이 탁음으로 되는 현상.

くさ   はな   くさばな
草 풀+ 花 꽃 ⇒ 草花 화초
쿠사   하나   쿠사바나

(5) 띄어쓰기가 없다.

➡ こうずまおお
好事魔多し   호사다마
코―즈마오―시

➡ いっさいがっさい
一切合切   온통, 모조리 다
잇사이갓사이

06 この赤い靴下は一足いくらですか。

이 빨간 양말은 한 켤레 얼마입니까?

학습목표

1. いくら　얼마　　　2. 형용사　　　3. 조수사

4. 접두어 : お　　　5. ください　주십시오.

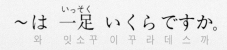

문형을 익혀요!

~は 一足 いくらですか。
와　잇소꾸 이꾸라데스까

~은 한 켤레 얼마입니까?

高いのも 安いのも あります。
타까이 노모　야스이노모　아리마스

비싼 것도 싼 것도 있습니다.

ハンカチを 二枚 ください。
항　까찌오 니마이 구다사이

손수건을 두 장 주십시오.

A ここに 靴下や ハンカチなどが あります。
꼬꼬니 쿠쯔시따야 항 까찌나도가 아리마스

B 高いのも 安いのも あります。
타까이노모 야스이노모 아리마스

A お金はいくら ありますか。
오 까네 와 이꾸라 아리마스까

B 全部で 2万円 あります。
젬부데니망엥 아리마스

A この赤い靴下は 一足いくらですか。
코노아까이쿠쯔시따 와 잇소꾸이꾸라데스까

B 一足 2千円です。
잇소꾸 니센엔데스

A もっと安いのが ありますか。
몯또야스이노가 아리마스까

B いいえ、もっとやすいのは ありません。
이ー에 몯또야스이노와 아리마셍

A この ハンカチはいくらですか。
코노 항 까찌와이꾸라데스까

B 千円です。
셍엔데스

해 석

A   여기에 양말이랑 손수건 등이 있습니다.

B   비싼 것도 싼 것도 있습니다.

A   돈은 얼마 있습니까?

B   전부 2만엔 있습니다.

A   이 빨간 양말은 한 켤레 얼마입니까?

B   한 켤레 2천엔입니다.

A   더 싼 것이 있습니까?

B   아니오, 더 싼 것은 없습니다.

A   이 손수건은 얼마입니까?

B   천엔입니다.

 단어와 어휘

お金(かね) 돈 ┃ いくら 얼마 ┃ 全部(ぜんぶ)で 전부해서 ┃ 円(えん) 엔
靴下(くつした) 양말 ┃ ハンカチ 손수건 ┃ 高(たか)い 비싸다
安(やす)い 싸다 ┃ 赤(あか)い 빨갛다 ┃ 足(そく) 켤레 ┃ もっと 더

1 いくら   얼마
이 꾸 라

값이나 정도를 물을 때 쓰인다.

예 全部でいくらですか。   전부 얼마입니까?
　　　젬 부 데 이 꾸 라 데 스 까

　　　時間はいくらかかりますか。   시간은 얼마나 걸립니까?
　　　지 깐 와 이 꾸 라 카 까 리 마 스 까

2 조수사

枚(まい)	～장	얇고 평평한 것. 종이, 접시, 지폐
本(ほん)	～자루,～병	가늘고긴것. 연필, 병, 우산
冊(さつ)	～권	책, 노트
階(かい)	～층	계단
軒(けん)	～채	집
輪(わ)	～송이	꽃
個(こ)	～개	작은 물건
着(ちゃく)	～벌	양복
羽(わ)	～마리	새
足(そく)	～켤레	구두, 양말
杯(はい)	～잔	술, 물, 음료수
台(だい)	～대	기계, 자동차
匹(ひき)	～마리	작은동물, 개, 고양이
回(かい)	～회	횟수
人(にん)	～명	사람
才(さい)	～세,～살	나이
頭(とう)	～마리	큰동물, 말, 소
円(えん)	～엔	화폐

	枚(まい)	足(そく)	本(ほん)	杯(はい)	冊(さつ)
1	いちまい	いっそく	いっぽん	いっぱい	いっさつ
2	にまい	にそく	にほん	にはい	にさつ
3	さんまい	さんぞく	さんぼん	さんばい	さんさつ
4	よんまい	よんそく	よんほん	よんはい	よんさつ
5	ごまい	ごそく	ごほん	ごはい	ごさつ
6	ろくまい	ろくそく	ろっぽん	ろっぱい	ろくさつ
7	しちななまい	ななそく	ななほん	しちななはい	ななさつ
8	はちまい	はっそく	はっぽん	はっぱい	はっさつ
9	きゅうまい	きゅうそく	きゅうほん	きゅうはい	きゅうさつ
10	じゅうまい	じっそく じゅっそく	じっぽん じゅっぽん	じっぱい じゅっぱい	じっさつ じゅっさつ
몇	なんまい	なんぞく	なんぼん	なんばい	なんさつ

3 **全部で**
ぜんぶ
젬 부 데

전부

「전부 합해서」란 의미가 된다. 「みんなで」라고도 하니 유의하도록 하자.

예 **全部で 一万円です。**　전부 만엔입니다.
ぜんぶ　いちまんえん
젬 부 데 이찌망 엔 데스

4 **お(ご) 접두어**
오　고

겸양어나 존경을 나타내는 경우와 단순히 단어를 미화시키는 경우가 있다. お金는 미화어에 해당한다. ご는 주로 한자어에 접속한다 (반드시 그렇다는 건 아님).

くつした　　を　　いっそく　　ください。
쿠쯔시따　　오　　잇 소 꾸　　구 다 사 이

カメラ　　　　　　　いちだい
카 메 라　　　　　　이 찌 다 이

ハンカチ　　　　　いちまい
항　 까 찌　　　　　이 찌 마 이

양말　　을(를)　　한 켤레　　주십시오.
카메라　　　　　　한 대
손수건　　　　　　한 장

じどうしゃ　　は　　いちだい　　いくらですか。
지 도― 샤　　와　　이 찌 다 이　　이 꾸 라 데 스 까

くつした　　　　　いっそく
쿠 쯔 시 따　　　　잇 소 꾸

コーヒー　　　　　いっぱい
코― 히―　　　　　입 빠 이

자동차　　은(는)　　한 대에　　얼마입니까?
양말　　　　　　　한 켤레에
커피　　　　　　　한 잔에

たかい　　のも　　やすい　　のも あります。
타 까 이　　노 모　　아 스 이　　노 모　아 리 마 스

おおきい　　　　　ちいさい
오― 끼―　　　　　치― 사 이

むずかしい　　　やさしい
무 즈 까 시―　　　야 사 시―

비싼　　것도　　싼　　것도 있습니다.
큰　　　　　　작은
어려운　　　　쉬운

118

이 표현만은 꼭 외워요!

| 의뢰 |

- **おねがいします。/ おねがいいたします。** 부탁합니다. / 잘 부탁합니다.
  오네가 이시마스　오네 가이이이따시마스

- **おねがいがあるんですが。** 부탁이 있습니다만.
  오네 가이 가아룬　 데스가

- **おそれいりますが。** 죄송합니다만.
  오소레 이리 마스가

- **ちょっとうかがいますが。** 잠깐 여쭈어 보겠습니다만.
  춋 또우까가이 마스가

- **お忙しいところ申し訳ありませんが〜ていただけませんか。**
  오이소가시―도 또로 모―시 와께아리마 셍 가 떼이따다께마 셍 까
  바쁘신데 죄송합니다만 〜해 주시지 않겠습니까?

- **〜てもらいたいんです。** 〜해 주셨으면 합니다.
  떼 모라이따 인 데스

- **〜てもいいですか。** 〜해도 좋습니까?
  떼모이― 데스 까

재미있는 ⇒ 의성어 · 의태어

⇒ **ふかふか** (후까후까)	말랑말랑, 폭신폭신
⇒ **ぬるぬる** (누루누루)	미끈미끈, 번지르르
⇒ **つるつる** (츠루쯔루)	주르륵, 매끈매끈, 후루룩
⇒ **てくてく** (테꾸떼꾸)	터벅터벅
⇒ **ごたごた** (고따고따)	어수선함
⇒ **ぐんと** (군또)	확, 훨씬, 꾹(버티다)

119

관용적으로 쓰이는 말이므로 습관적으로 익혀두면 쓸모가 많아요.

■ 着物を 着る。
키 모 노 오　키 루
옷을 입다. (윗부분은 着る)

■ ズボンを はく。
즈 봉 오 하 꾸
바지를 입다. (아랫부분은 はく)

■ シャツを ぬぐ。
샤 쯔 오 누 구
셔츠를 벗다.

■ ボタンを しめる。
보 땅 오　시 메 루
단추를 끼다.

■ ボタンを 外す。
보 땅 오　하 즈 스
단추를 풀다.

■ 身につける。
미 니 츠 께 루
몸에 익히다.

■ 勿怪の幸い
목 께 노 사이와이
우연한 행운

쉽게 익히는 생활용어

牛(うし)	우시	소	馬(うま)	우마	말
犬(いぬ)	이누	개	豚(ぶた)	부따	돼지
猿(さる)	사루	원숭이	獅子(しし)	시시	사자
虎(とら)	토라	호랑이	蛇(へび)	헤비	뱀
鼠(ねずみ)	네즈미	쥐	兎(うさぎ)	우사기	토끼
猫(ねこ)	네꼬	고양이	鶏(にわとり)	니와또리	닭

1 빈칸에 알맞은 말을 넣으시오.

(1) 全部_{せんぶ} ＿＿＿＿＿＿いくらですか。

(2) むずかしい 本_{ほん} ＿＿＿＿＿＿やさしい 本_{ほん}

＿＿＿＿＿＿あります。

(3) やすい＿＿＿＿＿一枚_{いちまい}いくらですか。

2 다음을 일본어로 옮기시오.

(1) 이 빨간 양말은 한 켤레에 얼마입니까?

→＿＿＿＿＿＿＿＿＿＿＿＿＿

(2) 더 싼 것이 있습니까?

→＿＿＿＿＿＿＿＿＿＿＿＿＿

(3) 전부 2천엔 입니다.

→＿＿＿＿＿＿＿＿＿＿＿＿＿

해 답
1. (1) で　　　(2) も, も　　　(3) のは
2. (1) この 赤(あか)い 靴下(くつした)は 一足(いっそく)いくらですか。
   (2) もっとやすいのが ありますか。
   (3) 全部(せんぶ)で 2千円(にせんえん) です。

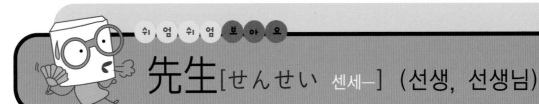

先生[せんせい 센세—] (선생, 선생님)

우리 나라에서의 선생님의 의미는 여러 의미로 쓰인다. 상대방에 대한 특별한 호칭이 없고 높여줄 상황에서는 거의 선생님이란 말을 쓴다.

하지만 일본에서는 그렇지가 못하다. 先生란 말 그대로 학생들을 가르치는, 또한 최고의 존경을 받을 만한 가치가 있는 사람에게만 붙인다.

예를 들자면 우리 나라에서는 의사 선생님인데 비해 일본에서는 お医者(いしゃ)さん이라고 하는 것도 그 차이이다.

필자의 교수님께서도「교수님」이란 호칭보단「선생님」으로 불려지시길 원하셨다. 물론 안 그런 분이 더 많으시겠지만 학교 비리가 난무하는 이 사회에서 진정으로 선생님으로 불려질 분이 얼마나 계신지 개탄스러울 따름이다.

＊先生에는 さん을 붙이지 않는다. (자체 내에 포함)

→ 一を聞いて十を知る　하나를 듣고 열을 안다
　　いち　き　じゅう　し
　　이찌 오키 이떼쥬—오시 루

→ 言語道断　　　　　　언어도단
　　ごんごどうだん
　　공고도—당

私の誕生日は4月24日です。
わたし　たん じょう び　　　　し がつ にじゅう よっか

제 생일은 4월 24일입니다.

1. 때
2. 연·월·일
3. 요일
4. おいくつ　몇 살

문형을 익혀요!

今日は ○月 ○日です。
きょう
쿄ー 와　　　　　데 스

오늘은 ○월 ○일입니다.

今年は ○年です。
ことし
코또시 와　넨 데 스

올해는 ○년입니다.

今日は ○曜日です。
きょう　　　　ようび
쿄 와　　　요ー비 데 스

오늘은 ○요일입니다.

おいくつですか。
오 이 꾸쯔데스 까

몇 살이십니까?

私は 今年 ○才です。
わたし　　ことし　　　さい
와 따시 와 코또시　　사이 데 스

저는 올해 ○살입니다.

A 今日は 何月 何日ですか。
きょう　　なんがつ　なんにち
쿄ー 와 낭가쯔 난니찌데스 까

B 今日は 3月 14日です。
きょう　　さんがつ　じゅうよっか
쿄ー 와 상가쯔 쥬ー욕까데 스

A 今年は 何年ですか。
ことし　　なんねん
코또시 와 난 넨 데 스 까

B 今年は 2008年です。
ことし　　にせんはちねん
코또시 와 니셍하찌넨 데 스

A あなたの 誕生日は いつですか。
たんじょうび
아 나 따 노 탄죠ー비 와 이쯔데스 까

B 私の 誕生日は 4月 24日です。
わたし　　たんじょうび　　しがつ　にじゅうよっか
와 따시노 탄죠ー비 와 시가쯔 니쥬ー욕까 데 스

A 夏休みは いつからですか。
なつやす
나쯔야스 미 와 이 쯔 까 라 데 스 까

B 来週の 月曜日からです。
らいしゅう　　げつようび
라이슈ー노 게쯔요ー비 까 라 데 스

A 金さんは 今年 おいくつですか。
ことし
산 와 코또시 오 이 꾸쯔데스 까

B 私は 今年 32才です。
わたし　　ことし　さんじゅうにさい
와 따 시 와 코또시 산쥬ー니사이데 스

A   오늘은 몇 월 며칠입니까?

B   오늘은 3월 14일입니다.

A   올해는 몇 년입니까?

B   올해는 2008년입니다.

A   당신의 생일은 언제입니까?

B   제 생일은 4월 24일입니다.

A   여름방학은 언제부터입니까?

B   다음주 월요일부터입니다.

A   김 씨는 올해 몇 살입니까?

B   저는 올해 서른 두 살입니다.

今日(きょう) 오늘 | 何月(なんがつ) 몇 월 | 何日(なんにち) 며칠

3月(さんがつ) 3월 | 14日(じゅうよっか) 14일 | 今年(ことし) 올해 | いつ 언제

誕生日(たんじょうび) 생일 | 4月(しがつ) 4월 | 24日(にじゅうよっか) 24일

夏休(なつやす)み 여름방학 | 来週(らいしゅう) 다음주 | 月曜日(げつようび) 월요일

おいくつ 몇살 | 才(さい) 살, 세, 나이

1 때(과거 · 현재 · 미래)

	과 거		현 재	미 래	
ひ 日(날)	おととい 一昨日 오또또이	きのう 昨日 키노—	きょう 今日 쿄—	あした 明日 아시따	あさって 明後日 아삳떼
	그저께	어제	오늘	내일	모레
しゅう 週(주)	せんせんしゅう 先先週 센센슈—	せんしゅう 先週 센슈—	こんしゅう 今週 콘슈—	らいしゅう 来週 라이슈—	さらいしゅう 再来週 사라이슈—
	지지난주	지난주	이번주	다음주	다다음주
つき 月(월)	せんせんげつ 先先月 센센게쯔	せんげつ 先月 셍게쯔	こんげつ 今月 콩게쯔	らいげつ 来月 라이게쯔	さらいげつ 再来月 사라이게쯔
	지지난달	지난달	이달	다음달	다다음날
とし 年(년)	おととし 一昨年 오또또시	きょねん 去年 쿄넹	ことし 今年 코또시	らいねん 来年 라이넹	さらいねん 再来年 사라이넹
	재작년	작년	금년	내년	내후년

2 년 · 월 · 일 · 요일

• 年(ねん) : 년   なんねん : 몇 년

いちねん 이찌넹 1년	にねん 니넹 2년	さんねん 산넹 3년	よねん 요넹 4년	ごねん 고넹 5년	ろくねん 로꾸넹 6년
しちねん 시찌넹 7년	はちねん 하찌넹 8년	きゅうねん 큐—넹 9년	じゅうねん 쥬—넹 10년	じゅういちねん 쥬—이찌넹 11년	じゅうにねん 쥬—니넹 12년

・月(がつ)：월 　　　　　　　なんがつ：몇　월

いちがつ 이찌가쯔	にがつ 니가쯔	さんがつ 상가쯔	しがつ 시가쯔	ごがつ 고가쯔	ろくがつ 로꾸가쯔
1월	2월	3월	4월	5월	6월
しちがつ 시찌가쯔	はちがつ 하찌가쯔	くがつ 쿠가쯔	じゅうがつ 쥬―가쯔	じゅういちがつ 쥬―이찌가쯔	じゅうにがつ 쥬―니가쯔
7월	8월	9월	10월	11월	12월

・～か月(げつ)：개월 　　　　　なんかげつ：몇　개월

いっかげつ 익까게쯔	にかげつ 니까게쯔	さんかげつ 상까게쯔	よんかげつ 용까게쯔	ごかげつ 고까게쯔	ろっかげつ 록까게쯔
1개월	2개월	3개월	4개월	5개월	6개월
ななかげつ 나나까게쯔	はっかげつ 학까게쯔	きゅうかげつ 큐―까게쯔	じっかげつ 직까게쯔	じゅういっかげつ 쥬―익까게쯔	じゅうにかげつ 쥬―니까게쯔
7개월	8개월	9개월	10개월	11개월	12개월

・日(にち)：일

つにたち 츠이따찌	ふつか 후쯔까	みっか 믹까	よっか 욕까	いつか 이쯔까	むいか 무이까
1일(초하루)	2일(이틀)	3일(사흘)	4일(나흘)	5일(닷새)	6일(엿새)
なのか 나노까	ようか 요―까	ここのか 코꼬노까	とおか 토―까	じゅういちにち 쥬―이찌니찌	じゅうににち 쥬―니니찌
7일(이레)	8일(여드레)	9일(아흐레)	10일(열흘)	11일	12일
じゅうさんにち 쥬―산니찌	じゅうよっか 쥬―욕까	じゅうごにち 쥬―고니찌	はつか 하쯔까	にじゅうよっか 니쥬―욕까	
13일	14일	15일	20일	24일	

・曜日(ようび)：요일

げつようび 月曜日 게쯔요-비	かようび 火曜日 카요-비	すいようび 水曜日 스이요-비	もくようび 木曜日 모꾸요-비
월요일	화요일	수요일	목요일
きんようび 金曜日 킹요-비	どようび 土曜日 도요-비	にちようび 日曜日 니치요-비	なんようび 何曜日 낭요-비
금요일	토요일	일요일	무슨 요일

今日 は ○月 ○日 です。 　오늘 은(는) ○월 ○일 입니다.
きょう 　　 がつ にち
쿄ー 와 가쯔 니찌 데스

今年 ○年 　올해 ○년
ことし ねん
코또시 넹

今日 ○曜日 　오늘 ○요일
きょう ようび
쿄ー 요ー비

おいくつですか。 　몇 살입니까?
오 이 꾸쯔 데 스 까

○さいです。 　○살입니다.
사 이 데 스

きのう は ○月 ○日 でした。 　어제 은(는) ○월 ○일 이었습니다.
　　 がつ にち
키노ー 와 데 시 따

去年 ○年 　작년 ○년
きょねん ねん
쿄 넹 넹

128

- よきん
  預金を したいんです。
  요낑오 시따 인 데스

  예금을 하고 싶습니다.

- げんきん ひ だ
  現金を 引き 出したいんです。
  겡낑오 히끼 다시따인 데스

  현금을 인출하고 싶습니다.

- かいやく
  解約したいんですが。
  카이야꾸시따 인 데스가

  해약하고 싶습니다만.

- そうきん
  ~へ 送金したいんです。
  에 소ー낀시따 인 데스

  ~에 송금하고 싶습니다.

- えん か
  ドルを 円に 替えたいんです。
  도루오 엔니 카에따 인 데스

  달러를 엔화로 바꾸고 싶습니다.

- かきとめ
  書留で おねがいします。
  카끼또메데 오 네가이 시 마스

  등기로 부탁합니다.

- そくたつ
  これを 速達に してください。
  코레오 소꾸따쯔니 시 떼구 다사이

  이것을 속달로 해 주십시오.

- でんぽう う
  電報を 打ちたいんです。
  뎀뽀ー오 우찌따인 데스

  전보를 치고 싶습니다.

- こづつみ おく
  この 小包を 送りたいんです。
  코노 코즈쯔미오 오꾸리 따 인 데스

  이 소포를 보내고 싶습니다.

- いつごろ とどくでしょうか。
  이 쯔 고 로 토 도 꾸데 쇼ー 까

  언제쯤 도착할까요?

재미있는 ➡ 의성어 · 의태어

- ➡ ごつごつ (고쯔고쯔) 울퉁불퉁
- ➡ ひりりと (히리리또) 얼얼, 알알
- ➡ ぐっと (굳또) 불, 확, 뚝, 훨씬, 한층
- ➡ ぴちぴち (삐찌삐찌) 팔딱팔딱
- ➡ ぐずぐず (구즈구즈) 꾸물꾸물, 투덜투덜
- ➡ わくわく (와꾸와꾸) 두근두근

관용적으로 쓰이는 말이므로 습관적으로 익혀두면 쓸모가 많아요.

- はんこを 押す。
  항 꼬오 오스
  도장을 찍다.

- 火傷を する。
  야께도 오 스루
  화상을 입다.

- はなくそを ほじる。
  하 나 꾸소오 호지루
  코딱지를 후비다.

- 席を 立つ。
  세끼오 타쯔
  자리를 뜨다.

- ラジオを けす。
  라 지오오 케스
  라디오를 끄다.

- 当てが 外れる。
  아 떼가 하즈레 루
  기대가 어긋나다.

- 申しぶんがない。
  모ー시 붕 가 나 이
  더할 나위가 없다.

쉽게 익히는 생활용어

- 大根(だいこん) 다이꽁 무
- 白菜(はくさい) 학사이 배추
- きゅうり 큐ー리 오이
- 葱(ねぎ) 네기 파
- にんにく 닌니꾸 마늘
- 人参(にんじん) 닌징 당근
- とうがらし 토ー가라시 고추
- たまねぎ 타마네기 양파
- さつまいも 사쯔마이모 고구마
- じゃがいも 쟈가이모 감자
- 波薐草(ほうれんそう) 호ー렌소ー 시금치

---

1 다음 날짜를 읽으시오.

    (1)   2008년 4월 24일

    (2)   5월 12일

    (3)   9월 14일

2 다음을 일본어로 옮기시오.

    (1)   오늘은 몇월 며칠입니까?

        → _____

    (2)   여름방학은 언제부터입니까?

        → _____

    (3)   올해 서른 두 살입니다.

        → _____

해 답

  1. (1) にせんはちねん, しがつにじゅうよっか
      (2) ごがつ じゅうににち
      (3) くがつ じゅうよっか
  2. (1) 今日(きょう)は 何月(なんがつ) 何日(なんにち)ですか。
      (2) 夏休(なつやす) みはいつから ですか。
      (3) 今年(ことし) 32才(さんじゅうにさい)です。

わりかん (각자 부담)

요즘 같이 어려운 시대엔 반가운 일이 아닐 수 없지만 그네들의 모습을 보면 정말 정나미 떨어질 정도로 철저한 경우가 있다. 잔돈까지 세고 있는걸 보고 있노라면 저것이 경제대국을 만들었나 싶다가도 조금은 너무하다는 생각이 고개를 쳐든다.

우리로선 할 말이 없지만 우리도 점점 わりかん 문화로 바뀌어가고 있으니 바람직한 현상이긴 하다. 다만 어쩔 수 없는 경제현실이 그렇게 만든걸 생각하면 조금은 서글픈 생각이 들지만…

➡ 七転び 八起き　칠전팔기
ななころび やお
나나꼬로비 야오 끼

➡ 大同小異　　　대동소이
だいどうしょうい
다이도~쇼-이

08 一日は　24時間です。

_{いちにち} _{にじゅうよじ　かん}

하루는 24시간입니다.

1. 시 · 분 · 초
2. 시간
3. 半(반) · 前(전) · すぎ(지남) · ちょうど(정각)

문형을 익혀요!

今 何時ですか。
_{いま} _{なんじ}
이마 난 지 데 스 까

지금 몇 시입니까?

今
_{いま}

○時　　　　です。
_じ
지　　　　데 스

지금 ○시입니다.

○時半
_{じはん}
지 항

지금 ○시 반입니다.

○時前
_{じまえ}
지 마에

지금 ○시 전입니다.

○時すぎ
_じ
지 스 기

지금 ○시 지났습니다.

ちょうど　○時
_じ
쪼ー　도　　지

지금 정각 ○시입니다.

133

A 今 何時ですか。
이마 난지 데스 까

B 今 4時 25分です。
이마 요지 니쥬―고 훈데스

A 今 何時ですか。
이마 난지 데스 까

B 3時半です。
산지한 데스

A 今 何時ですか。
이마 난지 데스 까

B 今 8時 3分前です。
이마 하찌지 삼뿐마에데스

A 今 何時ですか。
이마 난지 데스 까

B 6時すぎです。
로꾸지스기 데스

A 一日は 何時間ですか。
이찌니찌 와 난지깐데스 까

B 24時間です。
니쥬―요지깐 데스

134

해석

A 지금 몇 시입니까?

B 지금 4시 25분입니다.

A 지금 몇 시입니까?

B 3시 반입니다.

A 지금 몇 시입니까?

B 지금 8시 3분 전입니다.

A 지금 몇 시입니까?

B 6시 지났습니다.

A 하루는 몇 시간입니까?

B 24시간입니다.

단어와 어휘

今(いま) 지금 ┃ 何時(なんじ) 몇 시 ┃ 時(じ) 시 ▶分(ふん) 분 ┃ 半(はん) 반
前(まえ) 전 ┃ ～すぎ 지남 ┃ 一日(いちにち) 하루 ┃ 何時間(なんじかん) 몇 시간

1 시 : 時(じ)　　　何時(なんじ) : 몇 시

いちじ 1시 이찌지	にじ 2시 니지	さんじ 3시 산지	よじ 4시 요지	ごじ 5시 고지	ろくじ 6시 로꾸지
しちじ/ななじ 7시 시찌지/나나찌	はちじ 8시 하찌지	くじ 9시 쿠지	じゅうじ 10시 쥬ー지	じゅういちじ 11시 쥬ー이찌지	じゅうにじ 12시 쥬ー니지

2 분 : 分(ふん)　　　何分(なんぷん) : 몇 분

いっぷん 1분 입뿡	にふん 2분 니훙	さんぷん 3분 삼뿡	よんぷん 4분 욤뿡	ごふん 5분 고훙	ろっぷん 6분 롭뿡
しち/ななふん 7분 시찌/나나훙	はっぷん 8분 합뿡	きゅうふん 9분 큐ー훙	じゅっぷん/じっぷん 10분 쥽뿡/집뿡	じゅういっぷん 11분 쥬ー입뿡	じゅうにふん 12분 쥬ー니훙

3 초 : 秒(びょう)　　　何秒(なんびょう) : 몇 초

いちびょう 1초 이찌뵤ー	にびょう 2초 니뵤ー	さんびょう 3초 삼뵤ー	よんびょう 4초 욤뵤ー	ごびょう 5초 고뵤ー	ろくびょう 6초 로꾸뵤ー
しち/ななびょう 7초 시찌/나나뵤ー	はちびょう 8초 하찌뵤ー	きゅうびょう 9초 큐ー뵤ー	じゅうびょう 10초 쥬ー뵤ー	じゅういちびょう 11초 쥬ー이찌뵤ー	じゅうにびょう 12초 쥬ー니뵤ー

4 　시간 : 時間(じかん)　　何時間(なんじかん) : 몇 시간

いちじかん 1시간 이찌지깡	にじかん 2시간 니지깡	さんじかん 3시간 산지깡	よじかん 4시간 요지깡	ごじかん 5시간 고지깡	ろくじかん 6시간 로꾸지깡
しち/ななじかん 7시간 시찌/나나지깡	はちじかん 8시간 하찌지깡	くじかん 9시간 쿠지깡	じゅうじかん 10시간 쥬ー지깡	じゅういちじかん 11시간 쥬ー이찌지깡	じゅうにじかん 12시간 쥬ー니지깡

5 　시간 관련 용어

· 半(はん) : 반

· 前(まえ) : 전

· すぎ : ～지남

· ちょうど : 정각

　　＊ あっている　시계가 맞는다.
　　　 앋 떼이루

いま 今 이마	さんじ さんじゅっぷん 3時 30分 산지 산쥬뿡		です。 데 스	지금	3시 30분	입니다.
	いちじはん 1時半 이찌지항				1시 반	
	よじ じゅっぷんまえ 4時 10分前 요지 쥬 뿜마에				4시 10분 전	
	しちじ 7時すぎ 시찌지스기				7시 지남	
	ちょうど 10時 쵸— 도 쥬—지	じゅうじ			정각 10시	

いちにち 一日 이찌니찌	は 와	なんじかん 何時間 난 지 깡	ですか。 데 스 까	하루	은(는)	몇 시간 입니까?
いちじかん 1時間 이찌지깡		なんぷん 何分 남 뿡		한 시간		몇 분
いっぷん 1分 입뿡		なんびょう 何秒 남 뵤—		1분		몇 초

138

- アパートを 採しているんです。
  아 빠— 또오 사가시 떼 이 룬 데 스

  아파트를 찾고 있습니다.

- 家賃は いくらぐらいですか。
  야 찐와 이 꾸 라 구 라 이 데 스 까

  집세는 어느 정도입니까?

- 近くに 店がありますか。
  지까꾸니 미세가 아 리 마 스 까

  근처에 가게가 있습니까?

- どんな 間取りですか。
  돈 나 마 도 리 데 스 까

  어떤 구조입니까?

- 礼金と 敷金は 家賃の 2か月分です。
  레—낀또 시끼낀 와 야 찐노 니까게쯔 분 데 스

  사례금과 보증금은 집세의 2개월 분입니다.

- 駅からどのくらいかかりますか。
  에끼까 라 도 노 구 라 이 까 까 리 마 스 까

  역에서 얼마나 걸립니까?

- 南向きですか。
  미나미무끼 데 스 까

  남향입니까?

- 6畳の 和室と 6畳半の 洋間 リビングダイニング
  로꾸죠—노 와시쯔또 로꾸죠한—노 요—마 리 빙 구 다 이 닝 구

  キッチンの 2LDKです。
  킫 찐 노 니 데 스

  다다미 6장 크기의 일본식 방, 6장 반 크기의 서양식 방 거실, 식당, 부엌의 2LDK입니다.

재미있는 ➡ 의성어 · 의태어

➡ もぐもぐ	(모구모구)	우물우물
➡ よぼよぼ	(요보요보)	휘청휘청, 비칠비칠
➡ ワンワン	(왕왕)	개 짖는 소리
➡ ぶくぶく	(부꾸부꾸)	부글부글
➡ べろべろ	(베로베로)	활짝활짝
➡ ほっそり	(홋소리)	호리호리

관용적으로 쓰이는 말이므로 습관적으로 익혀두면 쓸모가 많아요.

- **としがいが ない。**
  토 시 가 이 가 　 나 이
  나잇값도 못한다.

- **すみよい。**
  스 미 요 이
  살기 좋다.

- ものごころ
  物心がつく。
  모노고꼬로가 츠 꾸
  철들다.

- **じかんをつぶす。**
  지 깡 　 오 츠 부 스
  시간을 때우다.

- **ヒットを とばす。**
  힏 또 오　토 바 스
  히트를 치다.

- らち　あ
  埒が明かない。
  라찌가 아 까 나 이
  결말이 나지 않는다.

- **もってこい。**
  몯 떼 꼬 이
  안성마춤.

医者(いしゃ)	이샤	의사	看護婦(かんごふ)	캉고후	간호사

- 医者(いしゃ) 이샤　의사　　　看護婦(かんごふ) 캉고후　간호사
- ビジネスマン 비지네스망　비즈니스맨
- サラリーマン 사라리─망　샐러리맨
- 公務員(こうむいん) 코─무잉　공무원
- 大工(だいく) 다이꾸　목수
- 建築士(けんちくし) 켄찌꾸시　건축사
- 政治家(せいじか) 세─지까　정치가
- 会社員(かいしゃいん) 카이샤잉　회사원
- 警察官(けいさつかん) 케─사쯔깡　경찰관

1 다음 시간을 읽으시오.

(1) 3시 반

(2) 정각 7시

(3) 12시 10분 전

2 다음을 일본어로 옮기시오.

(1) 하루는 몇 시간입니까?

→ _____

(2) 9시 지났습니다.

→ _____

(3) 지금 몇 시입니까?

→ _____

해 답

1. (1) さんじはん
   (2) ちょうどしちじ
   (3) じゅうにじ じゅっぷんまえ

2. (1) 一日(いちにち)は 何時間(なんじかん)ですか。
   (2) 9時(くじ)すぎです。
   (3) 今(いま) 何時(なんじ)ですか。

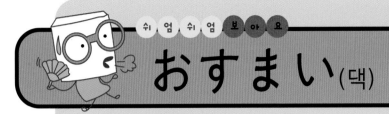

おすまい(댁)

住(すま)い란 住(すま)う라는 동사의 연용형으로 댁, 사는 곳을 의미한다. 또한 이 すまう는 우리가 잘 아는 단어인 住(す)む에 접미사 ふ가 붙은 파생어이다.

お住(す)まいは どちらですか。 댁이 어디입니까?
오 스 마 이 와 도 찌 라 데 스 까

田舎(いなか)住まい 시골살이
이 나 까 즈 마 이

ひとり住(ず)まい 독신생활
히 또 리 즈 마 이

➡ 雨降(あめふ)って 地固(ちかた)まる 비온 뒤에 땅이 굳어진다
아 메 훗 떼 치 카 따 마 루

➡ 前代未聞(ぜんだいみもん) 전대미문
젠 다 이 미 몽

09 金さんの 新しい
アパートはおおきいですか。
김씨의 새 아파트는 큽니까?

1. 형용사란?
2. 형용사의 정중형, 부정형, 중지법
3. 형용사의 과거형, 과거부정형

문형을 익혀요!

汽車は 키 샤 와	はやい。 하 야 이	기차는 빠르다.
	はやいです。 하 야 이데스	기차는 빠릅니다.
	はやくありません。 하 야 꾸아리마 셍	기차는 빠르지 않습니다.
	はやくて、ながいです。 하 야 꾸 떼 나가 이데스	기차는 빠르고 깁니다.
	はやかったです。 하 야 깓 따데스	기차는 빨랐습니다.
	はやくなかったです。 하 야 꾸나 깓 따데스	기차는 빠르지 않았습니다.

143

A 金さんの 新しいアパートはおおきいですか、
산 노 아따라시― 아 빠― 또와오― 끼―데스까

ちいさいですか。
치― 사이데스까

B 金さんの 新しい アパートは おおきいです。
산 노 아따라시― 아 빠― 또와 오― 끼―데스

A 李さんの 新しい アパートも おおきいですか。
산 노 아따라시― 아 빠― 또모 오― 끼―데스까

B 李さんの アパートは おおきくないです。
산 노아 빠―또와 오― 끼꾸나이데스

ちいさくて、ふるいです。
치― 사꾸떼 후루이데스

A 金さんの アパートは 部屋は ひろかったですか。
산 노아빠― 또와헤야와히로 깓 따데스까

B はい、たいへんひろかったです。
하이 타이헹 히로깓 따데스

A 木村さんの お宅は どうでしたか。
키무라 산노 오따꾸와 도― 데시따까

B 木村さんの お宅は あまりひろくなかったです。
키무라 산 노 오따꾸와 아마리히로꾸나 깓 따데스

144

해석

A 김씨의 새 아파트는 큽니까? 작습니까?

B 김씨의 새 아파트는 큽니다.

A 이씨의 새 아파트도 큽니까?

B 이씨의 아파트는 크지 않습니다.
작고 낡았습니다.

A 김씨 아파트는 방이 넓었습니까?

B 예, 매우 넓었습니다.

A 키무라씨 댁은 어땠습니까?

B 키무라씨 댁은 그다지 넓지 않았습니다.

단어와 어휘

おおきい 크다 │ ちいさい 작다 │ ふるい 낡다, 오래되다 │ 部屋(へや) 방
ひろい 넓다 │ たいへん 매우, 대단히 │ どうですか 어떻습니까? │ あまり 그다지
アパート 아파트

145

1 형용사란?

단독으로 술어가 될 수 있으며 어미(활용하는 부분, 변하는 부분)가 「い」로 끝나 사물의 성질과
상태를 나태낸다.

2 형용사의 정중형

원형 + です
　　　데 스

㉠ はやい　빠르다 → はやいです　빠릅니다
　하 야 이　　　　　　　　하 야 이 데스

おおきい 크다 → おおきいです　큽니다
오― 끼―　　　　　　오 ― 끼 ― 데 스

3 형용사의 부정형

어미 「い」 →　　く+ない
　　　이　　　　꾸 나 이

く ありません = くないです (정중형)
꾸 아 리 마　셍　　　꾸 나 이 데스

㉠ おおきい 크다　→　おおきくない　크지 않다
오― 끼―　　　　　　　오 ― 끼꾸나 이

おおきくありません = おおきくないです　크지 않습니다
오― 끼꾸아리마 셍　　　　오 ― 끼꾸나 이 데스

146

4 중지법

어미 「い」 → 　く ＋ て
　　　　　　이　　　꾸　떼

(예) おおきい 크다　→ おおきくて　크고
　　　오― 끼―　　　　　오― 끼 꾸 떼

5 형용사의 과거형

어미 「い」 → 　かった
　　　　　　이　　깓 따

(예) おおきい 크다　→ おおきかった　컸다
　　　오― 끼―　　　　　오― 끼 깓 따

6 형용사의 과거부정형

어미 「い」 → 　くなかった
　　　　　　이　　　꾸 나 깓　따

　　　　　　くありませんでした（くなかったです）
　　　　　　꾸 아 리 마 센 데 시 따　꾸 나 깓　따 데 스

(예) おおきい 크다　→　おおきくなかった　크지 않았다
　　　오― 끼―　　　　　오― 끼 꾸 나 깓 따

　　　おおきくありませんでした　크지 않았습니다
　　　오― 끼 꾸 아 리 마 센 데 시 따

　　　＝ おおきくなかったです
　　　오― 끼 꾸 나 깓　따 데 스

147

문형 익히고 일본어를 쉽게!

この 本は　　むずかしい　です。　이 책은　어렵　습니다.
코노　혼와　　무즈까시ー　데스

　　　　　　やさしい　　　　　　　　　　쉽
　　　　　　야사시ー

　　　　　　おもしい　　　　　　　　　　재미있
　　　　　　오모시로이

タクツーは　　はやく　　　ありません。
타꾸시ー와　　하야꾸　　　아리마셍

　　　　　　やすく
　　　　　　야스꾸

　　　　　　あたらしく
　　　　　　아따라시꾸

　　　　　　　　　　　　　　　　택시는　빠르지　않습니다.
　　　　　　　　　　　　　　　　　　　　싸지
　　　　　　　　　　　　　　　　　　　　새롭지

りんごは　　おいしくて、　　　　사과는　맛있고(맛있어서),
링고와　　오이시꾸떼

　　　　　　おいしかった。　　　　　　　맛있었다.
　　　　　　오이시깥따

　　　　　　おいしくなかった。　　　　　맛있지 않았다.
　　　　　　오이시꾸나깥따

　　　　　　おいしくなかったです。　　맛있지 않았습니다.
　　　　　　오이시꾸나깥따데스

148

- もう一度 言ってください。
  모— 이찌도일 떼 구 다 사 이

  한번 더 말해 주세요.

- もう一度 おっしゃってください。
  모— 이찌도 옷 샬 떼 구 다 사 이

  한번 더 말씀해 주세요.

- よく わかりません。
  요 꾸 와까리마 셍

  잘 모르겠습니다.

- お話が よく 聞こえないんです。
  오하나시가 요꾸 키 꼬 에 나 인 데 스

  말씀이 잘 들리지 않습니다.

- ゆっくり 話してください。
  육 꾸리 하나시 떼 구 다 사 이

  천천히 말씀해 주십시오.

- しつれいですが、なんと いわれましたか。
  시 쯔 레— 데스가 난 또 이 와 레 마 시 따 까

  실례지만 뭐라고 말씀하셨습니까?

- おっしゃったことが よくわからないんです。
  옷 샬 따고또가 요꾸와까 라 나 인 데 스

  말씀하신 내용을 잘 모르겠습니다.

 재미있는 ➡ 의성어 · 의태어

➡ どんどん	(동동)	둥둥, 부쩍부쩍, 쿵쿵, 꽝꽝
➡ のめのめ	(노메노메)	뻔뻔스럽게
➡ にこにこ	(니꼬니꼬)	생긋, 방긋
➡ ぐうぐう	(구—구—)	쿨쿨, 드르렁드르렁, 쪼르륵쪼르륵
➡ しっとり	(싣또리)	차분히, 촉촉이
➡ くしゃくしゃ	(쿠샤꾸샤)	꾸깃꾸깃, 울적함, 뒤죽박죽

149

관용어구로 익혀요!

관용적으로 쓰이는 말이므로 습관적으로 익혀두면 쓸모가 많아요.

- **眼鏡をかける。**
  메가네 오 카 께 루
  안경을 쓰다.

- **眼鏡をはずす。**
  메가네 오 하 즈 스
  안경을 벗다.

- **くつをはく。**
  쿠 쯔 오 하 꾸
  구두를 신다.

- **ネクタイをしめる。**
  네 꾸 따 이 오 시 메 루
  넥타이를 매다.

- **ぼうしをかぶる。**
  보― 시 오 카 부 루
  모자를 쓰다.

- **腹が立つ。**
  하 라 가 타 쯔
  화가 나다.

- **水をさす。**
  미 즈 오 사 스
  훼방을 놓다.

쉽게 익히는 생활용어

大(おお)きい	오―끼―	크다	‡	小(ちい)さい	치―사이	작다
広(ひろ)い	히로이	넓다	‡	狭(せま)い	세마이	좁다
高(たか)い	타까이	높다	‡	低(ひく)い	히꾸이	낮다
新(あたら)しい	아따라시―	새롭다	‡	古(ふる)い	후루이	낡다
明(あか)るい	아까루이	밝다	‡	暗(くら)い	쿠라이	어둡다
暑(あつ)い	아쯔이	덥다	‡	寒(さむ)い	사무이	춥다
長(なが)い	나가이	길다	‡	短(みじか)い	미지까이	짧다
多(おお)い	오―이	많다	‡	少(すく)ない	스꾸나이	적다

1 다음을 보기와 같이 바꾸시오.

〈보기〉

はやい → はやいです → はやくない → はやかった → はやくなかった

(1) あたらしい →

(2) ひろい →

(3) おもしろい →

2 다음을 일본어로 옮기시오.

(1) 이씨 댁도 큽니까?

→＿＿＿＿＿＿＿＿＿＿＿＿＿＿＿＿＿＿

(2) 매우 넓었습니다.

→＿＿＿＿＿＿＿＿＿＿＿＿＿＿＿＿＿＿

(3) 아니오, 그다지 넓지 않습니다.

→＿＿＿＿＿＿＿＿＿＿＿＿＿＿＿＿＿＿

해 답

1. (1) あたらしいです→あたらしくない→あたらしかった→あたらしくなかった
(2) ひろいです→ひろくない→ひろかった→ひろくなかった
(3) おもしろいです→おもしろくない→おもしろかった→おもしろくなかった

2. (1) 李さんの お宅(たく)も おおきいですか。
(2) たいへん ひろかったです。
(3) いいえ、あまりひろくないです。

すみません (미안합니다, 죄송합니다)

すみません의 본 의미는 위처럼 「미안합니다, 죄송합니다」 또는 「고맙습니다」이지만 때로는 식당이나 카페에서 혹은 물건을 살 때에 상대방을 부르는 경우에도 쓴다.

    すみません。アイスコーヒー二つ。 저기, 여기 냉커피 두 잔.

すみません의 회화체로는 すいません, すんません 등이 있으며 すまん은 「미안」의 의미로 쓰인다.

➡ 石橋も 叩いて 渡る   돌다리도 두드려 보고 건넌다
　 이시바시모 타따이 떼와따루

➡ 会者定離   회자정리(만난 사람은 언젠가는 헤어진다는 뜻)
　 에 샤죠―리

10

わたし にほんりょう なか さしみ
私は日本料理の中で刺身が
す
いちばん好きです。
나는 일본요리 중에 생선회를 제일 좋아합니다.

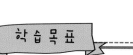

학 습 목 표

1. 명사형용사란?   2. 명사형용사의 의문형, 중지법
3. 명사형용사의 정중형, 명사수식, 부정형   4. 명사형용사의 과거형 · 과거부정형

문형을 **익혀요!** ⇨   ⇨ ⇨ ⇨ ⇨

わたし 私は 와 따 시 와	しんせつだ。 신 세 쯔 다	나는 친절하다.
	しんせつです。 신 세 쯔 데 스	나는 친절합니다.
	しんせつな人です。 신 세 쯔 나 히또 데 스	나는 친절한 사람입니다.
	しんせつでは ありません。 신 세 쯔 데 와 아 리 마 셍	나는 친절하지 않습니다.
	しんせつですか。 신 세 쯔 데 스 까	나는 친절합니까?
	しんせつで、 신 세 쯔 데	나는 친절하고,
	しんせつだった。 신 세 쯔 닫 따	나는 친절했다.
	しんせつではなかった。 신 세 쯔 데 와 나 깓 따	나는 친절하지 않았다.

자신있게 얘기해요!

A 私は 朗らかで、積極的な 人です。
와따시와 호가라 까 데 섹꾜꾸떼끼나 히또데스

B 私は 日本料理の 中で刺身がいちばん好きです。
와따시와 니 혼료ー리노 나까데 사시미가 이찌방 스끼데스

A すき焼はあまり好きでは ありません。
스끼 야끼와 아마리 스끼 데와 아리마 셍

B 金さんは スポーツも 好きですか。
산 와 스뽀ー쯔모 스끼데스까

A はい、たいへん 好きです。
하이 타이헹 스끼데스

B 何が いちばん 好きですか。
나니가 이찌방 스끼데스까

A 好きなスポーツは 野球で、
스끼나스뽀ー쯔와 야뀨ー데

得意なスポーツはエアロビクスです。
토꾸이나 스뽀ー쯔와에아로빅스데스

154

해석

A 나는 명랑하고 적극적인 사람입니다.

B 나는 일본요리 중에 생선회를 제일 좋아합니다.

A 전골은 그다지 좋아하지 않습니다.

B 김 씨는 <u>스포츠도 좋아합니까?</u>

A 예, 매우 좋아합니다.

B 무엇을 제일 좋아합니까?

A 좋아하는 스포츠는 야구고, 특히 잘하는 것은 에어로빅입니다.

 **단어와 어휘**

朗(ほが)らかだ 명랑하다 ｜ 一番(いちばん) 제일, 가장

積極的(せっきょくてき)だ 적극적이다 ｜ スポーツ 스포츠

日本料理(にほんりょうり) 일본요리 ｜ 得意(とくい)だ 잘한다 ｜ 刺身(さしみ) 생선회

好(す)きだ 좋아하다 ｜ 野球(やきゅう) 야구 ｜ エアロビクス 에어로빅

1 명사형용사란? (종래의 형용동사, な형용사라고도 함)

단독으로 주어가 될 수 있으며 「だ」로 끝난다. 명사를 수식할 때 「だ」가 「な」로 변형하므로 「な」형용사라고도 한다.

2 명사형용사의 정중형

だ → です
다   데 스

예 元気だ 건강하다 → 元気です。건강합니다
　　겡끼 다　　　　　　겡끼 데스

3 명사형용사의 명사수식

だ → な
다   나

예 しずかだ 조용하다 → しずかな 部屋 조용한 방
　　시즈 까 다　　　　　 시즈 까 나 헤 야

＊ 명사 + の + 명사 / 명사형용사 だ + な + 명사

4 명사형용사의 부정형

だ ┌→ ではありません(정중형)
다　　 데 와 아 리 마 셍
└→ ではない
데 와 나 이

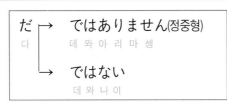

예 きれいだ 깨끗하다 ┌→ きれいではありません　깨끗하지 않습니다(정중형)
　　키 레― 다　　　　　 키 레― 데 와 아 리 마 셍
　　　　　　　　　　　　 └→ きれいではない　　　　깨끗하지 않다
　　　　　　　　　　　　　 키 레― 데 와 나 이

5 명사형용사의 의문형

だ → ですか
다 　 데 스 까

예　すきだ 좋아하다 → すきですか。　좋아합니까?
　　　스 끼 다　　　　　　　스 끼 데 스 까

6 명사형용사의 중지법

だ → で
다 　 데

예　まじめだ 성실하다 → まじめで　성실하고
　　　마 지 메 다　　　　　　　마 지 메 데

7 명사형용사의 과거형

だ → だった
다 　 닫 따

예　きれいだ 깨끗하다 → きれいだった　깨끗했다
　　　키 레— 다　　　　　　　키 레— 닫 따

8 명사형용사의 과거부정형

だ ┌→ ではなかった
다 │　　데 와 나 깓 따
└→ ではありませんでした (정중형)
데 와 아 리 마 센　데 시 따

예 きれいだ 깨끗하다 ┌→ きれいではなかった　　　깨끗하지 않았다
　　　키 레— 다　　　　　키 레— 데 와 나 깓 따
　　　　　　　　　　　　└→ きれいではありませんでした　깨끗하지 않았습니다(정중형)
　　　　　　　　　　　　　　키 레—　데 와 아 리 마 센　데 시 따

この　部屋は
코 노　헤아와

きれいだ。
키레― 다

しずかだ。
시 즈 까 다

べんりだ。
벤 리 다

이 방은

깨끗하다.

조용하다.

편리하다.

かれは
카 레 와

しんせつです。
신 세 쯔데 스

しんせつな人です。
신 세 쯔 나 히또데 스

しんせつではありません。
신 세 쯔 데 와 아 리 마 셍

しんせつで、
신 세 쯔 데

しんせつだった。
신 세 쯔 닫 따

しんせつではなかった。
신 세 쯔 데 와 나 깓 따

그는

친절합니다.

친절한 사람입니다.

친절하지 않습니다.

친절하고,

친절했다.

친절하지 않았다.

- もちろんです。　　　　　　　　　　　　　물론입니다.
  모찌 론 데 스

- そのとおりです。　　　　　　　　　　　그대로입니다.
  소 노 도― 리 데 스

- まったくそのとおりです。　　　　　　정말 그대로입니다.
  맏　따꾸 소 노 도― 리 데 스

- そうですとも。　　　　　　　　　　　그렇고말구요.
  소― 데 스 또 모

- わたしも そう思^{おも}います。　　　　　　저도 그렇게 생각합니다.
  와 따 시 모　소― 오모 이 마 스

- かまいません。　　　　　　　　　　　상관없습니다.
  카 마 이 마 셍

- なんでもありません。　　　　　　　아무 것도 아닙니다.
  난　데 모 아 리 마 셍

- そんな ことが ある はずが ないんです。　그런 일이 있을 리 없습니다.
  손　나　고 또 가　아 루　하 즈 가　나 인 데 스

- どうも しんじられません。　　　　아무래도 믿을 수 없습니다.
  도― 모　신　지 라 레 마 셍

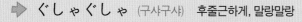

재미있는 ➡ 의성어 · 의태어

➡ ぐしゃぐしゃ　（구샤구샤）　후줄근하게, 말랑말랑

➡ こっそり　　　（콧소리）　살짝, 몰래

➡ くるりと　　　（쿠루리또）　빙그르르, 휙

➡ じゃぶじゃぶ　（자부자부）　철벅철벅

➡ そろそろ　　　（소로소로）　슬슬

➡ こっくり　　　（콕꾸리）　꾸벅꾸벅, 끄덕끄덕

관용적으로 쓰이는 말이므로 습관적으로 익혀두면 쓸모가 많아요.

■ 世話を かける。　　　　폐를 끼치다.
　　せわ
　　세와오 　카 께 루

■ そうだんを する。　　　의논하다.
　　소— 당 오 스 루

■ しゃしんをとる。　　　　사진을 찍다.
　　샤 싱 오 토루

■ ふろに 入る。　　　　　목욕을 하다.
　　　　 はい
　　후 로 니 　하이루

■ ゆびわを する。　　　　반지를 끼다.
　　유 비 와 오 　스 루

■ 仕上げが 肝心。　　　　마무리가 중요하다.
　　し あ　　 かんじん
　　시 아 게 가 칸 징

■ しゃくにさわる。　　　　부아가 나다. 화나다.
　　샤 꾸 니 사 와 루

쉽게 익히는 생활용어

上手(じょうず)だ	죠—즈다	잘한다	≠	下手(へた)だ	헤따다	못한다
好(すき)だ	스끼다	좋아하다	≠	嫌(きら)いだ	키라이다	싫어하다
便利(べんり)だ	벤리다	편리하다	≠	不便(ふべん)だ	후벤다	불편하다
静(しず)かだ	시즈까다	조용하다	≠	にぎやかだ	니기야까다	시끄럽다
まじめだ	마지메다	성실하다		だめた	다메다	소용없다
豊(ゆた)かだ	유따까다	풍족하다				
さわやかだ	사와야까다	상쾌하다				
明(あき)らかだ	아끼라까다	밝다, 분명하다				
わがままだ	와가마마다	제멋대로다				

확인해 보아요!

1 빈칸에 알맞은 말을 넣으시오.

(1) 私は 元気 ＿＿＿＿＿＿＿ なりました。
     <small>わたし</small>　<small>げんき</small>

(2) 刺身は あまり ＿＿＿＿＿＿＿ ではありません。(好きだ)
     <small>さしみ</small>   <small>す</small>

(3) ソウルは 有名 ＿＿＿＿＿＿所です。
                 <small>ゆうめい</small>   <small>ところ</small>

2 다음을 일본어로 옮기시오.

(1) 나는 명랑하고 적극적인 사람입니다.

   →＿＿＿＿＿＿＿＿＿＿＿＿＿＿＿＿＿＿

(2) 당신은 무엇을 제일 좋아합니까?

   →＿＿＿＿＿＿＿＿＿＿＿＿＿＿＿＿＿＿

(3) 특히 잘하는 것은 에어로빅입니다.

   →＿＿＿＿＿＿＿＿＿＿＿＿＿＿＿＿＿＿

해 답 ....

1. (1) に　　　　　(2) 好(す)き　　　　　(3) な

2. (1) 私(わたし)は 朗(ほが)らかで、積極的(せっきょくてき)な 人(ひと)です。

　　(2) あなたは 何(なに)が いちばん 好(す)きですか。

　　(3) 得意(とくい)なのは エアロビクス です。

161

새해인사

다음은 새해에 나눌 수 있는 인사말이다.

- あけましておめでとうございます.   새해 복 많이 받으십시오.
  아 께 마 시 떼 오 메 데 또— 고 자 이 마 스

- よいお年をむかえください.   좋은 새해 맞이하세요.
  요 이 오또시오 무 까 에 구 다 사 이

- 今年もよろしくお願いします.   올해도 잘 부탁합니다.
  코또시모 요 로 시 꾸 오 네가이 시 마 스

- 新年おめでとうございます.   새해 복 많이 받으십시오.
  신넹 오 메 데 또— 고 자 이 마 스

⇨ 漁夫の利   어부지리
  교 후 노 리

⇨ 明明白白   명명백백
  메- 메- 하꾸하꾸

11 授業は午前9時にはじまります。

じゅぎょう ごぜん く じ

수업은 오전 9시에 시작됩니다.

학 습 목 표

1. 동사의 정중형   2. 동사의 활용
3. 조사 : に, へ, ごろ, ～から ～まで, で

문형을 익혀요! ⇨   ⇨   ⇨   ⇨   ⇨

私は ○時に 起きます。 わたし　じ　お 와따시와　　지 니 오 끼 마 스	나는 ○시에 일어납니다.
○時ごろ 起きます。 じ　　　お 지 고 로 오 끼 마 스	○시쯤 일어납니다.
○時に ○へ 行きます。 じ　　　い 지 니　　에 이 끼 마 스	○시에 ○에 갑니다.
～で ○分ぐらいかかります。 데　　구 라 이 카 까 리 마 스	～로 ○분 정도 걸립니다.
～は ～から ～までです。 와　　까 라　　마 데 데 스	～은(는) ～부터 ～까지입니다.

163

A あなたは 何時に 学校へ 行きますか。
아나따와 난지니 각꼬ー에 이끼마스까

B 8時に 学校へ 行きます。
하찌지니 각꼬ー에 이끼마스

A あさ 早く 起きますか。
아사 하야꾸 오끼마스까

B はい、あさ早く起きます。
하이 아사하야꾸오끼마스

A あなたは あさ 何時に 起きますか。
아나따와 아사 난지니 오끼마스까

B 私は 朝 6時ごろ 起きます。
와따시와 아사 로꾸지고로 오끼마스

A 授業は 何時に はじまりますか。
쥬교ー와 난지니 하지마리마스까

B 午前 9時にはじまります。
고젱 쿠지니하지마리마스

A 学校までは 遠いですか。
각꼬ー마데와 토ー이데스까

B バスで 50分ぐらいかかります。
바스데 고쥬뿡구라이카까리마스

회화
첫걸음

해석

A 당신은 몇 시에 학교에 갑니까?

B 8시에 학교에 갑니다.

A 아침 일찍 일어납니까?

B 예, 아침 일찍 일어납니다.

A 당신은 아침 몇 시에 일어납니까?

B 나는 아침 6시쯤 일어납니다.

A 수업은 몇 시에 시작됩니까?

B 오전 9시에 시작됩니다.

A 학교까지는 멉니까?

B 버스로 50분 정도 걸립니다.

 단어와 어휘

学校(がっこう) 학교 ｜ 行(い)く 가다 ｜ 朝(あさ) 아침 ｜ 起(お)きる 일어나다
～ごろ ～쯤 ｜ 授業(じゅぎょう) 수업 ｜ はじまる 시작되다 ｜ 午前(ごぜん) 오전
遠(とお)い 멀다 ｜ ～で ～로 ｜ バス 버스 ｜ ぐらい 정도, 쯤 ｜ かかる 걸리다

165

문법으로 익혀요!

1 ～に ～에
니

어떤 동작이 행해지는 때를 나타내는 경우이다. 「に」의 용법은 그 외에 장소, 작용의 결과, 피동 대상, 귀착점 등이 있다.

예 あさ 6時に 起きます。 아침 6시에 일어납니다.
아 사 로꾸지니 오끼 마 스

2 ～へ ～에, ～로
에

어떤 동작이 행해지는 방향이나 장소를 나타낸다. 장소인 경우 「に」도 쓰이나 「へ」의 경우엔 그 경과를 나타내는 느낌이 크다.

예 私は 会社へ 行きます。 나는 회사에 갑니다.
와따시와 카이샤에 이 끼 마 스

つくえの 上に あります。 책상 위에 있습니다.
츠 꾸 에 노 우 에니 아 리 마 스

3 ～ごろ ～쯤, ～경
고 로

명사와 결합시엔 탁음이 붙으나 평상시엔 독립적으로 쓰인다.

예 私は 9時ごろ ねます。 나는 9시쯤 잡니다.
와따시와 쿠지고 로 네 마 스

4 ~から ~まで　　　~부터 ~까지
　　까 라　　마 데

동작이 행해지는 장소의 출발점과 종착점을 나타낸다.

예 勤務は 何時から 何時までですか。
　 킴무와　난지까라　　난지 마 데 데 스 까

근무는 몇 시부터 몇 시까지입니까?

5 ~で　　　　~로
　　데

수단을 나타내는 조사이다.

예 バスで 行きます。　　　　버스로 갑니다.
　 바스데 이 끼 마 스

　　ボールペンで 書きます。　　볼펜으로 씁니다.
　　보ー루 뺀 데 카 끼 마 스

---

*「に」를 붙일 수 없는 단어

あさ 朝 아침 아사	まいあさ 毎朝 매일아침 마이아사	むかし 昔 옛날 무까시	ひる 昼 낮 히루	こんど 今度 이번 콘 도	ゆうがた 夕方 저녁 유-까따
よる 夜 밤 요루	ばん 晩 밤 방	まいばん 毎晩 매일 밤 마이방	いま 今 지금 이마	きょう 今日 오늘 쿄-	きのう 昨日 어제 키노-

PATTERN

문형 익히고 일본어를 쉽게!

わたし 私は 와따시와	ろくじ 6時に 로꾸지니	お 起きます。 오 끼 마 스	나는 6시에 일어납니다.
	ろくじ 6時ごろ 로꾸지고로		6시쯤

わたし 私は 와따시와	がっこう 学校 각꼬—	へ 行きます。 에 이 끼 마 스	나는 학교 에 갑니다.
	がいしゃ 会社 카이샤		회사

がっこう 学校まで 각꼬—마 데	バス 바 스	で 行きます。 데 이 끼 마 스	학교까지 버스 로 갑니다.
	ち かてつ 地下鉄 치 까떼쯔		지하철

じゅぎょう 授業 쥬—교—	は 何時から 와 난 지 까 라	なんじ 何時までですか。 난 지 마 데 데 스 까
かいしゃ 会社 카이샤		

수업 은(는) 몇 시부터 몇 시까지입니까?

회사

168

- どこが いたいんですか。
  도 꼬가 이따 인 데스 까
  어디가 아프십니까?

- 診察を 受けたいんです。
  しんさつ う
  신사쯔오 우 께따 인 데스
  진찰을 받고 싶습니다.

- いつからいたいんですか。
  이 쯔 까 라 이 따 인 데 스 까
  언제부터 아픕니까?

- 口を 開けてください。
  くち あ
  쿠 찌오 아 께 떼 구 다 사 이
  입을 벌려 주세요.

- 舌を 出してください。
  した だ
  시 따오 다 시 떼 구 다 사 이
  혀를 내밀어 주세요.

- 横になってください。
  よこ
  요 꼬니 낟 떼 구 다 사 이
  옆으로 누워 주세요.

- 風邪を 引いたようです。
  かぜ ひ
  카 제오 히 이 따요— 데스
  감기에 걸린 것 같습니다.

- 熱はありますか。
  ねつ
  네 쯔와 아 리 마 스 까
  열은 있습니까?

- 下痢がひどいんです。
  げり
  게 리 가 히 도 인 데 스
  설사가 심합니다.

- どこが悪いんですか。
  わる
  도 꼬가 와루인 데 스 까
  어디가 안 좋습니까?

재미있는 ➡ 의성어 · 의태어

➡ にょろにょろ	(뇨로뇨로)	꿈틀꿈틀
➡ よちよち	(요찌요찌)	아장아장
➡ みしみし	(미시미시)	삐걱삐걱
➡ まごまご	(마고마고)	우물쭈물
➡ ぼそぼそ	(보소보소)	소곤소곤, 퍼석퍼석
➡ へたへた	(헤따헤따)	털썩

관용적으로 쓰이는 말이므로 습관적으로 익혀두면 쓸모가 많아요.

- バスに のる。
  바 스 니 노 루

  버스를 타다.

- 地下鉄に のる。
  ち かてつ
  지 까떼쯔니 노 루

  지하철을 타다.

- 頭を 洗う。
  あたま　あら
  아따마오 아라 우

  머리를 감다.

- とこに 入る。
  はい
  토 꼬 니 하이 루

  자리에 들다.

- アイロンを かける。
  아 이 롱 오 카 께 루

  다림질을 하다.

- 気がする。
  き
  키 가 스 루

  ~한 느낌이 들다.

- 気にする。
  き
  키 니 스 루

  신경 쓰다.

쉽게 익히는 생활용어

立(た)つ	타쯔	서다	読(よ)む	요무	읽다
泳(およ)ぐ	오요구	헤엄치다	飛(と)ぶ	토부	날다
話(はな)す	하나스	말하다	きる	키루	끊다
入(はい)る	하이루	들어가다	帰(かえ)る	카에루	돌아가(오)다
交(ま)じる	마지루	섞이다, 어울리다			
要(い)る	이루	필요하다			

확인해 보아요!

1 빈칸에 알맞은 말을 넣으시오.

(1)　あなたは　あさ　何時^{なんじ} ＿＿＿＿＿＿＿ 起^おきますか。

(2)　朝^{あさ} 6時^{ろくじ} ＿＿＿＿＿＿＿ 起^おきます。(쯤)

(3)　授業^{じゅぎょう}は　何時^{なんじ} ＿＿＿＿＿＿ 何時^{なんじ} ＿＿＿＿＿＿ ですか。

2 다음을 일본어로 옮기시오.

(1)　나는 아침 일찍 일어납니다.

→＿＿＿＿＿＿＿＿＿＿＿＿＿＿＿＿＿＿＿

(2)　버스로 학교에 갑니다.

→＿＿＿＿＿＿＿＿＿＿＿＿＿＿＿＿＿＿＿

(3)　당신은 몇 시에 학교에 갑니까?

→＿＿＿＿＿＿＿＿＿＿＿＿＿＿＿＿＿＿＿

해 답 ┈┈

　1. (1) に　　　　(2) ごろ　　　　(3) から, まで

　2. (1) 私(わたし)は　朝(あさ) 早(はや)く　起(お)きます。

　　　(2) バスで　学校(がっこう)へ　行(い)きます。

　　　(3) あなたは　何時(なんじ)に　学校(がっこう)へ　行(い)きますか。

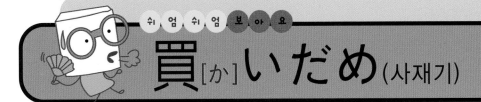

買[か]いだめ(사재기)

IMF 초기엔 고환율을 우려해 사재기를 일삼는 족속들이 있었다. 환치기를 노리는, 망국을 부르는 이들이 이젠 그 조짐이 어느 정도 수그러진 듯 하지만 사재기하지 말라던 매스컴의 간절한 호소가 아직도 귀에 선하다.

買いだめ 또는 買い占め라고도 한다.

・買いだめをする。　사재기해 두다.
　카 이 다 메 오 스 루

・買いこむ。　　　　사들이다.
　카 이 꼬 무

· ·

➡ 好事魔多し　　　호사다마
　코―즈마오―시

➡ 因果応報　　　　인과응보
　잉가오―호―

· ·

12

<ruby>私<rt>わたし</rt></ruby>は<ruby>日本<rt>にほん</rt></ruby>へ<ruby>日本語<rt>にほんご</rt></ruby>を<ruby>習<rt>なら</rt></ruby>いに<ruby>来<rt>き</rt></ruby>ました。

나는 일본에 일본어를 배우러 왔습니다.

학습목표

1. ません・ました
2. 동사연용형+に
3. に 会(あ)う ～을(를) 만나다

4. ~ガ分(わ)かる ～을(를) 알다
5. 동사의 활용

 문형을 익혀요! ⇨ ⇨ ⇨ ⇨ ⇨

<ruby>行<rt>い</rt></ruby>きません / <ruby>行<rt>い</rt></ruby>きました。
이 끼 마 셍   이 끼 마 시 따

가지 않습니다 / 가지 않았습니다.

～は ～に <ruby>行<rt>い</rt></ruby>く。
와   니   이 꾸

～은(는) ～하러 가다.

～へ ～に <ruby>行<rt>い</rt></ruby>く。
에   니   이 꾸

～에 ～하러 가다.

<ruby>私<rt>わたし</rt></ruby>は <ruby>金<rt></rt></ruby>さんに <ruby>会<rt>あ</rt></ruby>いました。
와따시와   산   니   아 이 마 시 따

나는 김씨를 만났습니다.

<ruby>私<rt>わたし</rt></ruby>は <ruby>英語<rt>えいご</rt></ruby>が <ruby>分<rt>わ</rt></ruby>かります。
와따시와   에ー고가   와 까 리 마 스

나는 영어를 압니다.

173

A あなたは どこの 国から 来ましたか。
아나따와　도꼬노 쿠니까라 키마시따 까

B 私は 韓国から 来ました。
와따시와 캉꼬꾸까라 키마시따

A あなたは 日本へ 何をしに 来ましたか。
아나따와니혼에 나니오시니 키마시따까

B 私は 日本へ 日本語を 習いに 来ました。
와따시와니혼에 니홍고오 나라이니 키마시따

A 金さんは だれに 会いに 来ましたか。
산 와 다레니 아이니 키마시따까

B 山田先生に 会いに 来ました。
야마다 센세ー니 아이니 키마시따

A だれと 一緒に 来ましたか。
다레또 잇쇼니 키마시따까

B 友達と いっしょに 来ました。
토모다찌또 잇 쇼 니 키마시따

A 金さんは 日本語が 分かりますか。
산 와 니홍고가 와까리마스까

B いいえ、私は よく 分かりません。
이ー에 와따시와 요꾸와까리마셍

174

해석

A   당신은 어느 나라에서 왔습니까?

B   나는 한국에서 왔습니다.

A   당신은 일본에 무엇을 하러 왔습니까?

B   나는 일본에 일본어를 배우러 왔습니다.

A   김씨는 누구를 만나러 왔습니까?

B   야마다선생님을 만나러 왔습니다.

A   누구와 함께 왔습니까?

B   친구와 함께 왔습니다.

A   김씨는 일본어를 압니까?

B   아니오, 나는 잘 모릅니다.

 단어와 어휘

国(くに) 나라 ┃ 来(く)る 오다 ┃ 日本(にほん) 일본 ┃ 日本語(にほんご) 일본어

習(なら)う 배우다 ┃ 会(あ)う 만나다 ┃ 先生(せんせい) 선생님

一緒(いっしょ)に 함께 ┃ ～に ~하러 ┃ ～が 分(わ)かる ~를 알다 ┃ よく 잘

1 ます의 부정 : ません   ます의 과거 : ました
마 스   마 셍   마 스   마 시 따

예 行く → いきません   가지 않습니다.
  이 꾸   이 끼 마 셍

    いきました   갔습니다.
    이 끼 마 시 따

    いきませんでした   가지 않았습니다.
    이 끼 마 센 데 시 따

* ます의 과거 : ました   です의 과거 : でした

  ます의 과거부정 : ませんでした

2 ～に   ～(하)러
    니

동작의 목적을 나타내는 조사이다. 동사연용형(ます형)에 접속하거나 동작의 의미를 지닌 명사에 접속한다. 물론「に」다음엔 이동성 동사가 오는 것이 특징이다.

行く : 가다, 来る : 오다, 出る : 나가다, 帰る : 돌아오다.

예 見に 行く   보러 가다 → 연용형에 접속
  미 니 이 꾸

  買物に 行く   쇼핑하러 가다 → 동작성 명사에 접속
  카이모노니 이 꾸

3 ～に 会う   ～을(를) 만나다
    니 아 우

조사「に」가 옴에 유의한다.

예 友達に 会う   친구를 만나다
  토모다찌니 아 우

176

4 　～が 分かる　　　～을(를) 알다
가　와 까 루

판단이나 이해로 내용을 알 수 있는 경우, 즉 「이해하다」의 의미가 강하다.

예 この 内容が わかりますか。　이 내용을 알겠습니까?
코 노 나이요—가　와 까 리 마 스 까
ないよう

5 　동사의 활용

u동사 (5단동사)

예 行く　가다
이 꾸
い

　　① 미연형(부정형, ない형) : u → a + ない (~지 않는다)　　　いかない　　가지않는다
　　　　　　　　　　　　　　　　　　　　　　　　　　　　　이 까 나 이

　　② 연용형(ます형) : u → i + ます (~ㅂ니다)　　　　　　いきます　　갑니다
　　　　　　　　　　　　　　　　　　　　　　　　　　　　이 끼 마 스

　　③ 종지형 : 기본형　　　　　　　　　　　　　　　　　いく　　　　가다
　　　　　　　　　　　　　　　　　　　　　　　　　　　　이 꾸

　　④ 연체형 : 기본형 + 체언　　　　　　　　　　　　　いくとき　　갈 때
　　　　　　　　　　　　　　　　　　　　　　　　　　　　이 꾸 도 끼

　　⑤ 가정형(조건형, ば(れば)형) : u → e + ば (~하면)　いけば　　　가면
　　　　　　　　　　　　　　　　　　　　　　　　　　　　이 께 바

　　⑥ 명령형 : u → e (~해라)　　　　　　　　　　　　いけ　　　　가라
　　　　　　　　　　　　　　　　　　　　　　　　　　　　이 께

　　⑦ 의지형 : u → o + う (~하자, ~하겠다, ~하겠지)→부정, 의지, 추측　いこう　　가자
　　　　　　　　　　　　　　　　　　　　　　　　　　　　　　　　　　이 꼬-

＊ ある : 미연형이 あらない가 아닌 ない임에 유의하자.

ある ┌① ない　　　없다
있다　│② あります　있습니다
　　　│③ ある　　　있다
　　　│④ あるとき　있을 때
　　　│⑤ あれば　　있으면
　　　│⑥ あれ　　　있어라
　　　└⑦ あろう　　있자

177

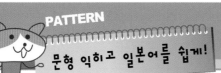
私は 買い物 に 行きます。 　　나는 쇼핑 하러 갑니다.
와따시와 카 이모노 니 이끼마스

りょこう　　　　　　　　　　　여행
료 꼬ー

べんきょう　　　　　　　　　　공부
벵 꾜ー

あそび に 行きました。 　　놀 러 갔었습니다.
아 소 비 니 이 끼 마 시 따

見 　　　　　　　　　　　　　보
미

会い　　　　　　　　　　　　　만나
아 이

あなたは 日本語が 分かりますか。 　　당신은 일본어를 압니까?
아 나 따 와 니 홍 고 가 와 까 리 마 스 까

いいえ、よく 分かりません。 　　아니오, 잘 모릅니다.
이ー 에 요 꾸 와 까 리 마 셍

178

- ~おめでとうございます。
  오 메 데 또— 고 자 이 마 스

  ~축하합니다.

- 心からお祝い、申し上げます。
  코꼬로까라 오 이와이 모— 시아게 마 스

  진심으로 축하드립니다.

- お幸せをお祈りします。
  오시아와세오 오 이노리 시 마 스

  행복을 빕니다.

- いつまでも お幸せにね。
  이 쯔 마 데 모 오시아와세니 네

  언제까지고 행복하세요.

- 本当に 残念です。
  혼또—니 잔 넨 데 스

  정말 안 됐습니다.

- ご愁傷さまでした。
  고슈—쇼—사 마 데 시 따

  얼마나 애통하셨습니까?

- どうぞ 元気を 出してください。
  도— 조 겡끼오 다시 떼 구다사 이

  부디 기운을 내십시오.

- 何とお悔み 申し上げていいかわかりません。
  난 또오 꾸아미 모—시 아 게 떼 이— 까 와 까리 마 셍

  뭐라 조의를 표해야 할지 모르겠습니다.

재미있는 ➡ 의성어 · 의태어

➡	ひしひし	(히시히시)	오싹, 삐걱삐걱
➡	すやすや	(스야스야)	새근새근
➡	ひょっと	(횬또)	불쑥
➡	にっこり	(닉꼬리)	생긋
➡	だらり	(다라리)	축
➡	ちくちく	(치꾸찌꾸)	따끔따끔, 촘촘히

179

🐟 관용적으로 쓰이는 말이므로 습관적으로 익혀두면 쓸모가 많아요.

■ としがあける。 새해가 되다.
토시가아께루

■ ねじをまく。 나사를 죄다.
네지오마꾸

■ 辞書をひく。 사전을 찾다.
지쇼오히꾸

■ としをとる。 나이를 먹다.
토시오토루

■ じかんがたつ。 시간이 지나다.
지깡가타쯔

■ 頭が切れる。 머리가 좋다.
아따마가키레루

■ 山をかける。 요행을 바라다.
야마오카께루

쉽게 익히는 생활용어

● 起(お)きる (오끼루) 일어나다 　　 借(か)りる (카리루) 빌리다

● 信(しん)じる (신지루) 믿다 　　 用(もち)いる (모찌이루) 사용하다

● 過(す)ぎる (스기루) 지나다 　　 見(み)る (미루) 보다

● 考(かんが)える (캉가에루) 생각하다 　　 覚(おぼ)える (오보에루) 외우다

● 出(で)る (데루) 나가다 　　 流(なが)れる (나가레루) 흐르다

1 빈칸에 알맞은 말을 넣으시오.

(1) あなたは 韓国(かんこく) _____ 何(なに) _____ し

_____ 行(い)きますか。

(2) 金さんは だれ _____ 会(あ)い _____ 行(い)きましたか。

(3) 友達(ともだち) _____ いっしょに 行(い)きました。

2 다음을 일본어로 옮기시오.

(1) 나는 한국에서 왔습니다.

→ _____

(2) 일본어를 배우러 왔습니다.

→ _____

(3) 당신은 일본어를 압니까?

→ _____

해답 ....

1. (1) へ, を, に   (2) に, に   (3) と
2. (1) 私(わたし)は 韓国(かんこく)から 来(き)ました。
   (2) 日本語(にほんご)を 習(なら)いに 来(き)ました。
   (3) あなたは 日本語(にほんご)が 分(わ)かりますか。

LDK

일본에서 아파트를 구하다 보면 DK니 LDK니 하는 말을 볼 수 있다. 이것은 living dining kitchen의 이니셜로 LDK앞의 숫자는 방의 개수를 나타낸다. 그러니까 2LDK라 하면 방 2개에 거실, 식당, 부엌이 딸린 집을 의미한다. 일본의 아파트는 우리와 같이 높은 아파트가 아니라 연립과 공동주택 형식을 가졌다. 오히려 맨션이 우리의 아파트와 비슷하다고 보면 되겠다.

다음은 아파트와 관련된 단어들이다.

・間取り　방 배치
　마도리

・畳　다다미 수
　죠ー

・家賃　집세
　야 찡

・大家さん　집주인
　오ー야 상

➡ 馬の 耳に 念仏　　　　　소귀에 경 읽기
　우마노 미미니 넴부쯔

➡ 大言壮語　　　　　호언장담
　다이겡소ー고

182

13 | バスの中でたばこを吸う人は だれですか。

버스 안에서 담배를 피우는 사람은 누구입니까?

학습목표

1. に乗(の)る　～를 타다
2. 동사의 연체형
3. ～で　～에서

4. ～より　～보다
5. ～に　～에게

문형을 익혀요! ⇨ ⇨ ⇨ ⇨ ⇨

あの 人たちも バスに 乗る人たちですか。
아 노 히또다찌모 바스니 노루히또다찌데스 까

저 사람들도 버스에 타는 사람들입니까?

～は ～より ～です。
　와　　요리　　데 스

～은(는) ～보다 ～입니다.

～に 電話を かけました。
니　뎅와오　카 께 마 시 따

～에게 전화를 걸었습니다.

～のほうが ～です。
노 호ー가　　　데 스

～쪽이 ～입니다.

183

A ちょっと うかがいますが。
춋 또 우까가이마스가

B はい、何でしょうか。
하이 난데 쇼ー 까

A ソウル駅へ 行くバスはどれですか。
소우루에끼에 이꾸바스와도레데스까

B あの 反対の ほうから 来る 7番の バスです。
아노 한따이노 호ー 까라 쿠루 나나반노 바스데스

A あの 人たちも バスに 乗る 人たちですか。
아노 히또다찌모 바스니 노루 히또다찌데스까

B ええ、そうです。
에ー 소ー 데스

A バスの 中で たばこを 吸う 人はだれですか。
바스노 나까데 타바꼬ー 스ー 히또와 다레데스까

B 朴さんです。
산 데스

A バスは 電車より おそいですね。
바스와 덴샤요리 오소이데스네

金さんは だれに 電話をかけましたか。
산 와 다레니 뎅와오카께마시따까

B 田中課長に 電話を かけました。
타나까 가쬬ー니 뎅와오카께마시따

184

해석 ➡ ➡ ➡ ➡

A   잠깐 여쭙겠습니다만

B   예, 무엇입니까?

A   서울역에 가는 버스는 어느 것입니까?

B   저 반대편에서 오는 7번 버스입니다.

A   저 사람들도 버스를 타는 사람들입니까?

B   예, 그렇습니다.

A   버스 안에서 담배를 피우는 사람은 누구입니까?

B   박 씨입니다.

A   버스는 전철보다 느리군요.

    김 씨는 누구에게 전화를 걸었습니까?

B   다나까 과장님에게 전화를 걸었습니다.

 단어와 어휘

ちょっと 잠깐 ┃ 伺(うかが)う 여쭙다 ┃ ソウル駅(えき) 서울역
反対(はんたい) 반대 ┃ ~のほう ~쪽, 편 ┃ 人(ひと)たち 사람들
たばこ 담배 ┃ たばこを 吸(す)う 담배를 피다 ┃ 電車(でんしゃ) 전철
~より ~보다 ┃ (おそ)い 느리다 ┃ ~に ~에게 ┃ 電話(でんわ) 전화
課長(かちょう) 과장(님)

GRAMMAR

문법으로 익혀요!

1 ~に 乗る   ~을(를) 타다
　　　　　の
　　　니　노루

조사「に」가 옴에 유의한다.

　예 バスに 乗る。　　　　　　버스를 타다
　　　　　　　の
　　　바 스 니　노 루

　＊ 내리다 : ~を 降りる。　~から 降りる。
　　　　　　　　　　お　　　　　　　　お
　　　　　　　　오 오 리 루　　　 까 라 오 리 루

2 연체형 : 동사기본형 ＋ 체언

　예 行く バス　가는 버스　　　行く 人　가는 사람
　　　い　　　　　　　　　　　　　い　 ひと
　　　이 꾸　바 스　　　　　　　이 꾸　히또

3 ~で　　　　~에서
　　　데

동작이 이루어지는 장소를 나타내는 조사이다.

　예 バスの 中でたばこを 吸う。　버스 안에서 담배를 피다.
　　　　　　 なか　　　　　　 す
　　　바 스 노　나 까 데 타 바 꼬ー　스ー

　　　どこで 降りますか。　　　어디서 내립니까?
　　　　　　お
　　　도 꼬 데　오 리 마 스 까

186

4 **～でしょう** ～일 것이다, ～이겠죠
데 쇼—

추측, 확인, 동의를 구할 때 쓰인다.

예 あしたも さむいでしょう。 내일도 춥겠죠.
아 시 따 모 사 무 이 데 쇼—

この シャツ、きれいでしょう。 이 셔츠 예쁘죠.
코 노 샤 쯔 키 레— 데 쇼—

※です → でしょう　　ます → ましょう
데 스 　데 쇼— 　마 스 　마 쇼—

5 **～より** ～보다
요 리

다른 대상과 비교 시에 쓰인다.

예 バスは 電車よりおそい。 버스는 전철보다 느리다.
でんしゃ
바 스 와 덴 샤 요 리 오 소 이—

ハングルは 日本語よりむずかしい。 한글은 일본어보다 어렵다.
にほんご
항 구 루 와 니 홍 고 요 리 무 즈 까 시—

6 **～に** ～에게
니

동작의 대상을 나타낸다.

예 友たちに 電話をかける。 친구에게 전화를 걸다.
とも でんわ
토모다 찌 니 뎅 와 오 카 께 루

先生に 手紙を 出す。 선생님에게 편지를 보내다.
せんせい てがみ だ
센세— 니 테가미 오 다 스

どこで バスに 乗 りますか。　　　　어디에서　버스를 탑니까?
도꼬데　바스니　노리마스까

バスを 降 りますか。　　　　　　　　　버스를 내립니까?
바스오　오리마스까

バス　　は　　電車　　より　　おそい。
바스　　와　　덴샤　　요리　　오소이

タクシー　　　　バス　　　　　たかい。
타꾸시ー　　　　바스　　　　　타까이

버스 는　　전철　보다　느리다.
택시　　　버스　　　　비싸다.

せんせい　に　てがみ　を　出 します。
센세ー　　니　테가미　오　다시마스

友 だち　　　電話　　　　　かけます。
토모다찌　　덴와　　　　　카께마스

선생님　에게　편지　를　보냅니다.
친구　　　　　전화　　　겁니다.

188

|길안내|

- ちょっと おたずねいたします。
  춋 또 오따즈네이따시마스

  잠깐 여쭤보겠습니다.

- ～は どこですか。
  와 도 꼬 데 스 까

  ～은 어디입니까?

- 道<ruby>道<rt>みち</rt></ruby>に 迷<ruby>迷<rt>まよ</rt></ruby>ったようです。
  미찌니 마욛 따 요— 데 스

  길을 잃었습니다.

- ～は どうやって 行<ruby>行<rt>い</rt></ruby>ったらいいですか。
  와 도— 얃 떼 읻 따 라 이— 데 스 까

  ～은 어떻게 가면 됩니까?

- 行<ruby>行<rt>い</rt></ruby>き方<ruby>方<rt>かた</rt></ruby>を 教<ruby>教<rt>おし</rt></ruby>えてください。
  이끼 까따오 오시에 떼 구 다 사 이

  가는 길을 가르쳐 주십시오.

- どこで のりかえますか。
  도꼬 데 노 리 까 에 마 스 까

  어디서 갈아탑니까?

- ここから 遠<ruby>遠<rt>とお</rt></ruby>いですか。
  코 꼬 까 라 토—이 데 스 까

  여기서 멉니까?

- どの 駅<ruby>駅<rt>えき</rt></ruby>で 降<ruby>降<rt>お</rt></ruby>りるんですか。
  도 노 에끼데 오 리 룬 데 스 까

  어느 역에서 내립니까?

- 歩<ruby>歩<rt>ある</rt></ruby>いて 行<ruby>行<rt>い</rt></ruby>けますか。
  아루이 떼 이 께 마 스 까

  걸어서 갈 수 있습니까?

재미있는 ➡ 의성어 · 의태어

- ➡ すっきり (슥끼리)　　말끔히, 싹
- ➡ そよそよ (소요소요)　　산들산들
- ➡ さっさと (삿사또)　　빨리빨리
- ➡ じっと (짇또)　　가만히, 물끄러미
- ➡ じろじろ (지로지로)　　힐끗힐끗
- ➡ くすくす (쿠스꾸스)　　킥킥

189

관용적으로 쓰이는 말이므로 습관적으로 익혀두면 쓸모가 많아요.

- 時計を はめる。
  토 께一오   하 메 루
  시계를 차다.

- マフラを まく。
  마 후 라 오   마 꾸
  머플러를 두르다.

- てぶくろを する。
  데 부 꾸 로 오   스 루
  장갑을 끼다.

- くちを すすぐ。
  쿠 찌 오 스 스 구
  양치질하다.

- テニスを する。
  테 니 스 오 스 루
  테니스를 치다.

- 馬が合う。
  우 마 가   아 우
  배짱이 맞다.

- 高を括る。
  타 까 오 쿠 꾸 루
  얕잡아 보다.

쉽게 익히는 생활용어

- まちがう 마찌가우 틀리다
- したがう 시따가우 따르다
- 戻(もど)る 모도루 돌아가다
- 向(む)かう 무까우 향하다
- 終(お)わる 오와루 끝나다
- 動(はたら)く 하따라꾸 일하다
- 売(う)る 우루 팔다
- 買(か)う 카우 사다
- 行(い)く 이꾸 가다
- 来(く)る 쿠루 오다

1 빈칸에 알맞은 말을 넣으시오.

(1) ソウル駅〔えき〕_____ 行〔い〕く バスはどれですか。

(2) あの 人〔ひと〕たちも バス _____ 乗る〔の〕人〔ひと〕たちですか。

(3) バスは 電車〔でんしゃ〕_____ おそいです。

2 다음을 일본어로 옮기시오.

(1) 서울역은 어디서 내립니까?

→ _____

(2) 택시는 버스보다 비쌉니다.

→ _____

(3) 김 씨에게 전화를 걸었습니다.

→ _____

해 답 ··

1. (1) へ   (2) に   (3) より

2. (1) ソウル駅(えき)は どこで 降(お)りますか。
   (2) タクシーは バスより たかいです。
   (3) 金さんに 電話(でんわ)を かけました。

191

左利き[ひだりき] (왼손잡이)
右利き[みぎき] (오른손잡이)

利きは 원래 작용, 기능이란 뜻으로 왼손잡이란 말은 왼손이 기능을 한다는 뜻일게다. 속설로 따진다면 극히 일부분인 왼손잡이들, 그들은 예능에 뛰어난 소질을 보인다고들 한다. 하지만 그들이 겪어야 했고 앞으로도 겪어야 할 사회적 편견과 불편함은 끝날 조짐이 보이지 않으니 서글플 따름이다. 그런데 여기서 왜 노른자, 흰자가 생각난다지??

きみ
・黄身　　　　　　　노른자

しろみ
・白味　　　　　　　흰자

のう　　たか　つめ　かく
能ある鷹は爪を隠す　　　　벼는 익을수록 고개를 숙인다
노—아 루타까 와츠메오카꾸스

いっちはんかい
一知半解　　　　　　　　　수박 겉 핥기
일 찌항까이

첫 걸 음

14 | 私は7時にうちを出て、会社へ行きます。
나는 7시에 집을 나와 회사에 갑니다.

학습목표

1. 동사의 음편   2. ~てから   ~(하)고 나서

문형을 익혀요!

あさうちを 出て 会社へ 行きます。
아 사 우 찌 오 데 떼 카 이 샤 에 이 끼 마 스

아침에 집을 나와 회사에 갑니다.

会社まであるいて 行きます。
카 이 샤 마 데 아 루 이 떼 이 끼 마 스

회사까지 걸어서 갑니다.

~てから ~します。
떼 까 라   시 마 스

~ 하고나서 ~ 합니다.

193

A　李さんは 何時に うちを出て、会社へ行きますか。
　　산　와 난지니 우찌오데떼　카이샤 에이끼마스 까

B　私は 7時にうちを出て、会社へ行きます。
　　와따시와 시찌지니 우찌오데떼　카이샤 에이끼마스

A　会社まであるいて行きますか、バスにのって行きますか。
　　카이샤 마데아루이떼이 끼마스 까　바스니놀 떼이끼마스 까

B　あるいてから、バスで行きます。
　　아루이떼까라　바스데이끼마스

A　仕事は 何時から何時までですか。
　　시 고또와　난지까라난지마데데스까

B　8時に 始まって、6時に 終わります。
　　하찌지니　하지맏 떼 로꾸지니 오와리마스

A　会社まではどのくらい かかりますか。
　　카이샤 마데와 도노구라이 카 까리마스까

B　たいてい 1時間ぐらいかかります。
　　타 이 떼이　이찌지깡구 라 이 카 까리마스

A　あなたはうちへ帰って何をしますか。
　　아나 따 와우찌에카엘 떼나니오 시 마스 까

B　少し 休んでから、新聞を 読みます。
　　스꼬시 야슨 데까라　심붕오 요미마스

 해석

A	이 씨는 몇 시에 집을 나와 회사에 갑니까?
B	나는 7시에 집을 나와 회사에 갑니다.
A	회사까지 걸어서 갑니까? 버스를 타고 갑니까?
B	걷고 나서 버스로 갑니다.
A	일은 몇 시부터 몇 시까지입니까?
B	8시에 시작되어 6시에 끝납니다.
A	회사까지는 어느 정도 걸립니까?
B	대개 1시간 정도 걸립니다.
A	당신은 집에 돌아와서 무엇을 합니까?
B	조금 쉬고 나서, 신문을 봅니다.

 단어와 어휘

家(うち) 집 | 出(で)る 나가다 | 会社(かいしゃ) 회사 | 歩(ある)く 걷다

仕事(しごと) 일 | 始(はじ)まる 시작되다 | 終(お)わる 끝나다 | たいてい 대체, 대강

帰(かえ)る 돌아오다 | 少(すこ)し 조금, 좀 | 休(やす)む 쉬다 | ~てから ~고나서

新聞(しんぶん) 신문 | 読(よ)む 읽다

1 동사의 음편(音便)

u동사(5단동사)의 경우 て(~고, ~서), た(~었다), たり(~하기도 하고, ~거나)와 접속시 그
발음을 편히 하기 위해 다른 음으로 변한다. 즉 음이 소리내기 쉽게 변한다는 뜻인데, 이것이 바
로 음편이다. (て는 동사의 연용형(ます형)에 이어진다)

※ 예외 :「す」로 끝나는 「u」동사 **예** 行く

음편의 종류에는 세 가지가 있는데 다음과 같다.

> (1) イ음편(いおんびん) : 어미 く(ぐ) → い + て, た, たり
>
> (で, だ, だり)
>
> (2) 촉음편(っまるおんびん) : 어미 う, つ, る → っ + て, た, たり
>
> (3) 발음편(はねるおんびん) : 어미 ぬ, ぶ, む → ん + で, だ, だり

자, 따라해 보자. くぐ, いて/うつる, って/ぬぶむ, んで
동사 활용에 있어서 무시할 수 없는 부분이다. 익숙해질 때까지 연습해 보도록 하자.

(1) イ음편

か　かき(書く의 연용형)
書く　쓰다 → かいて　쓰고 써서
카꾸　　　　카이 떼

かいた　　썼다
카이 따

かいたり　쓰기도 하고
카이따 리

(2) 촉음편

なら　　ならい
習う　배우다 → ならって　배우고 배워서
나라우　　　　나랃 떼

ならった　배웠다
나랃 따

ならったり　배우기도 하고
나랃 따리

(3) 발음편

読む 읽다 → よんで　읽고 읽어서
요무　　　온 데

よんだ　읽었다
온 다

よんだり　읽기도 하고
온 다리

(4) 예외

- す를 끝나는 동사

話す 말하다 → はなして　말하고, 말해서
하나스　　　하 나 시 떼

はなした　말했다 　　(변화 ×)
하 나 시 따

はなしたり　말하기도 하고
하 나 시 따리

- 行く 가다 → いって　가고
이꾸　　　일 떼

いった　갔다
일 따

いったり　가기도 하고 　(특수한 경우이므로 잘 익힐 것)
일 따리

※ 음편이 없는 동사 (ru동사, 불규칙동사, す로 끝나는 u동사)

2 ~てから　~(하)고 나서
　　 떼 까 라

동사의 연용형 (음편)에 연결되어 한 가지 동작을 끝내고 다음 동작이 이루어지는 경우를 나타낸다.

예 少し 休んでから、お風呂に 入ります。　좀 쉬고 나서 목욕을 합니다.
스꼬시야슨 데까라　오후로 니　하이리마스

※ ~ながら ~(하)면서

~てから 와 달리 두 가지 동작이 동시에 이루어지는 경우이다.

197

かいしゃ　はちじ
会社は 8時にはじまって
카이샤와 하찌지 니 하지 맏 떼

かぜをひいて
카 제오히이 떼

かがみを見て
み
카 가 미 오 미 떼

ろくじ
6時におわります。
로꾸지니 오 와 리 마 스

かいしゃ　やす
会社を 休みました。
카이샤 오　야스미 마 시 따

ひげを そりました。
히게오　소 리 마 시 따

회사는 8시에 시작되어

감기에 걸려서

거울을 보고

6시에 끝납니다.

회사를 쉬었습니다.

수염을 깎았습니다.

でんわ
電話を かけて
뎅와오　카 께 떼

かおを あらって
카오오 아 랃 떼

た
から ごはんを 食べます。
까 라　고 항 오　타 베마스

전화를 걸고　나서 밥을 먹습니다.

얼굴을 닦고

198

EXPRESSION

이 표현만은 꼭 외워요!

|쇼핑|

- いらっしゃいませ。
  이 랏 샤 이마세

  어서 오십시오.

- 何を お探しですか。
  나니오 오사가시데스까

  무엇을 찾고 계십니까?

- 何を 差し上げましょうか。
  나니오 사시 아게마 쇼ー 까

  무엇을 드릴까요?

- ~は どこですか。
  와 도꼬데스까

  ~은 어디입니까?

- ~は どこで買えますか。
  와 도꼬데 카에마스까

  ~은 어디서 살 수 있습니까?

- ~は ありますか。
  와 아리마스까

  ~있습니까?

- ~を 見せてください。
  오 미세떼구다사이

  ~을 보여 주십시오.

- 包んでください。
  츠쯘 데구다사이

  싸주십시오.

- ~のサイズのものを ください。
  노 사이즈노모노오 구다사이

  ~사이즈로 주십시오.

- もっと安くしてください。
  몯 또 야스꾸 시떼구다사이

  좀더 싸게 해 주십시오.

재미있는 ➡ 의성어 · 의태어

➡ ころりと	(코로리또)	데굴데굴, 우르르우르르(천둥)
➡ すくすく	(스꾸스꾸)	무럭무럭, 쑥쑥
➡ ぐんぐん	(궁궁)	무럭무럭, 쑥쑥
➡ なみなみ	(나미나미)	찰랑찰랑
➡ わなわな	(와나와나)	오들오들, 파르르
➡ ぬけぬけ	(누께누께)	뻔뻔스럽게

199

관용적으로 쓰이는 말이므로 습관적으로 익혀두면 쓸모가 많아요.

- **くちべにを つける。**
  쿠 찌 베 니 오   츠 께 루
  립스틱을 바르다.

- **おしろいを つける。**
  오 시 로 이 오   츠 께 루
  분을 바르다.

- **けしょうする。**
  케   쇼ー   스   루
  화장을 하다 (여성은 접두어 お를 붙임)

- **香水を つける。**
  こうすい
  코ー스이오   츠 께 루
  향수를 뿌리다.

- **髪を とかす。**
  かみ
  카미오   토 까 스
  머리를 빗다.

- **腹を立てる。**
  はら   た
  하 라 오 다 떼 루
  화를 내다.

- **袋のねずみ。**
  ふくろ
  후꾸로노 네 즈 미
  독안에 든 쥐.

おこなう	(오꼬나우)	행하다	えらぶ	(에라부)	고르다
おどろく	(오도로꾸)	놀라다	あらわす	(아라와스)	나타내다
言(い)う	(유ー)	말하다	取(と)る	(토루)	취하다
死(し)ぬ	(시누)	죽다	待(ま)つ	(마쯔)	기다리다
返(かえ)す	(카에스)	반환하다	書(か)く	(카꾸)	쓰다

1 빈칸에 알맞은 말을 넣으시오.

(1) ラジオを 聞^き＿＿＿＿＿＿うちを 出^でます。

(2) かぜを ひ＿＿＿＿＿＿会社^{がいしゃ}を 休^{やす}みました。

(3) ごはんを 食^た＿＿＿＿＿＿本^{ほん}を 読^よみます。

2 다음을 일본어로 옮기시오.

(1) 7시에 집을 나와 회사에 갑니다.

→＿＿＿＿＿＿＿＿＿＿＿＿＿＿＿＿＿＿＿＿

(2) 조금 쉬고 나서 신문을 봅니다.

→＿＿＿＿＿＿＿＿＿＿＿＿＿＿＿＿＿＿＿＿

해 답

1. (1) いて   (2) いて   (3) べて(から)

2. (1) 7時(しちじ)に うちを 出(で)て、会社(かいしゃ)へ 行(い)きます。
(2) 少(すこ)し 休(やす)んでから、新聞(しんぶん)を 読(よ)みます。

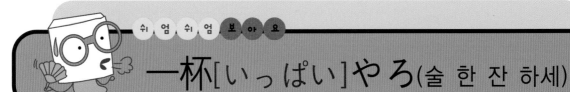

一杯[いっぱい]やろ(술 한 잔 하세)

여기서 いっぱい는 술 한 잔(다른 의미로도 쓰임)을 나타내며 한 잔, 한 그릇을 의미한다.

・金さん　一杯やろ。　　　김씨 술 한 잔 하세.
　　산　　입빠이야로

・今日は 私が おごろうか。　오늘은 내가 한턱 낼까?
　쿄— 와 와따시가오고로— 까

　　　　※ おごる : 한턱 내다.

➡ 灯台もと暗し　　　　　등잔 밑이 어둡다
　　토—다이모또구라시

➡ 呉越同舟　　　　　　오월동주
　　고에쯔도—슈—

15 テープは金曜日までに返して ください。

테이프는 금요일까지 돌려 주십시오.

학습목표

1. ~て ください   ~해 주십시오
2. ~ないでください   ~하지 말아 주십시오.

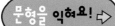 

~て ください。   ~해 주십시오
떼 구다사이

~ないでください。   ~지 말아주십시오
나이데구다사이

형용사어간   く
             꾸
                   してください。   ~해 주십시오
                   시 떼구다사이
명사형용사어간   に
             니

203

A すみませんが、この テープを かしてください。
<ruby>ス</ruby> ミ マ セン ガ コ ノ テー プ オ カ シ テ ク ダ サ イ

B はい、ちょっと 待^まってください。
하 이 춋 또 맏 떼 구 다 사 이

   この カードに 書^かいてください。
코 노 카ー 도 니 카 이 떼 구 다 사 이

A 何^{なに}を 書^かくか 教^{おし}えてください。
나 니 오 카 꾸 까 오시 에 떼 구 다 사 이

B あなたの お名前^{なまえ}、テープの名前^{なまえ}と 番号^{ばんごう}を書^かいてください。
아 나 따 노 오 나 마 에 테ー 뿌 노 나 마 에 또 방 고ー 오 카 이 떼 구 다 사 이

A ここには 何^{なに}も 書^かきませんか。
코 꼬 니 와 나 니 모 카 끼 마 셍 까

B はい、何^{なに}も 書^かかないでください。
하 이 나 니 모 카 까 나 이 데 구 다 사 이

   これでけっこうです。
코 레 데 켁 꼬ー 데 스

   テープをきれいにしてください。
테ー 뿌 오 키 레ー 니 시 떼 구 다 사 이

A はい、分^わかりました。
하 이 와 까 리 마 시 따

B テープは 金曜日^{きんようび}までに 返^{かえ}してください。
테ー 뿌 와 킹 요ー 비 마 데 니 카 에 시 떼 구 다 사 이

204

해석

A 죄송합니다만 테이프를 빌려주십시오.

B 예, 잠깐 기다려 주십시오.

 이 카드에 써 주십시오.

A 무엇을 쓸지 가르쳐 주십시오.

B 당신 성함, 테이프 이름과 번호를 써 주십시오.

A 여기에는 아무 것도 쓰지 않습니까?

B 예, 아무것도 쓰지 말아 주십시오.

 이것으로 좋습니다.

 테이프를 깨끗이 해 주십시오.

A 예, 알겠습니다.

B 테이프는 금요일까지 돌려주십시오.

 단어와 어휘

テープ 테이프 │ 貸(か)す 빌리다 │ ちょっと 잠깐 │ 待(ま)つ 기다리다
~てください ~해 주십시오 │ カード 카드 │ 教(おし)える 가르친다
お名前(なまえ) 성함 │ 番号(ばんごう) 번호 │ けっこうです 됐습니다, 좋습니다
きれいだ 깨끗하다 │ 返(かえ)す 돌려주다

1 ~てください   ~해 주십시오
떼 구 다 사 이

의뢰의 뜻으로 쓰이나 손윗사람에게는 직접 명령하는 느낌이 드니 조심하도록 하자.

예 ここに 名前を 書いてください。   여기에 이름을 써 주십시오.
　　코 꼬니 나마에오　카 이 떼 구 다 사 이

　　ちょっと 待ってください。   잠깐 기다려 주십시오.
　　촏　 또　 맏 떼 구 다 사 이

2 ~ないでください   ~하지 말아 주십시오.
나 이 데 구 다 사 이

동사에 접속하여 동작의 금지를 부탁할 때에 쓰인다.

예 何も 書かないでください。   아무 것도 쓰지 말아 주십시오.
　　나니모 카 까 나 이 데 구 다 사 이

　　ここでたばこを すわないでください。   여기에서 담배를 피지 말아 주십시오.
　　코 꼬데 타 바 꼬오　스 와 나 이 데 구 다 사 이

3 형용사/명사형용사 의 부사형   (~하게) 해 주십시오.

형용사어간	~くしてください	
	꾸 시 떼 구 다 사 이	~(하게)해 주십시오.
명사형용사어간	~にしてください	
	니 시 떼 구 다 사 이	

예 シャツの色を うすくしてください。   셔츠 색을 엷게 해 주십시오.
　　샤 쯔 노이로오　우스 꾸 시 떼 구 다 사 이

　　へやをきれいにしてください。   방을 깨끗하게 해 주십시오.
　　헤 야 오 키 레ー니 시 떼 구 다 사 이

あまり 寒^{さむ}くしないでください。
아 마리 사무꾸시 나 이 데 구 다 사 이

너무 덥게 하지 마십시오.

あまり きれいにしないでください。
아 마리 키레— 니 시 나 이 데 구 다 사 이

너무 깨끗하게 하지 마십시오.

けっこうです　　**좋습니다. 괜찮습니다.**
켁 꼬— 데 스

감탄, 허락, 부탁을 거절할 때 쓰인다.

例 それはけっこうなことですね。
소 레 와 켁 꼬— 나 고 또 데 스 네

그거 좋은 얘긴데요.　[감탄]

これでけっこうです。
코 레 데 켁 꼬— 데 스

이것으로 좋습니다.　[허락]

お茶^{ちゃ}をもういっぱいいかがですか。
오 쨔오 모— 입 빠 이 이 까 가 데 스 까

차 한 잔 더 드시겠습니까?

これでけっこうです。
코 레 데 켁 꼬— 데 스

괜찮습니다.　[거절]

5

～までに　　　**～까지**
마 데 니

기간이 정해져 있을 경우엔 に를 붙여야 한다.

例 レポートは9時^{くじ}までに 出^だしてください。　레포트는 9시까지 내주십시오.
레 뽀— 또 와 쿠지마 데 니 다 시 떼 구 다 사 이

テープは 金曜日^{きんようび}までに 返^{かえ}してください。　테이프는 금요일까지 돌려주십시오.
테— 뿌 와　킹요—비마 데 니　카 에 시 떼 구 다 사이

207

へやの 電気 を つけて ください。
헤야노 뎅끼 오 츠께떼 구다사이

しごと てつだって
시고또 테쯔 달떼

カード 見せて
카ー도 미세떼

방불	을(를)	켜	주십시오.
일		도와	
카드		보여	

たばこを すわ ないで ください。 담배를 피지 말아 주십시오.
타바꼬오 스와 나이데 구다사이

ここに 書か 여기에 쓰지
코꼬니 카까

くるまを 止め 차를 세우지
쿠루마오 토메

へやを あかるく して ください。 방을 밝게 해 주십시오.
헤야오 아까루꾸 시떼 구다사이

きれいに 깨끗이
키레ー니

あまり あつく しないでください。 너무 덥게 하지 마십시오.
아마리 아쯔꾸 시나이데구다사이

からく 맵게
카라꾸

不便に 불편하게
후벤니

208

- あなたは 何人家族ですか。
  아 나 따 와   난 닝가조꾸데스까

  당신은 몇 식구입니까?

- うちは ～人家族です。
  우 찌 와   닝가조꾸데스

  우리집은 ～식구입니다.

- あなたのご主人は 何をしていますか。
  아 나 따 노 고 슈징와   나니오 시떼이마스 까

  당신의 남편은 무엇을 하고 있습니까?

- ご両親の 職業は 何ですか。
  고료―신 노   쇼꾸교―와   난 데 스 까

  양친의 직업은 무엇입니까?

- あなたはどんな 性格ですか。
  아 나 따 와 돈   나 세―까꾸데스 까

  당신은 어떤 성격입니까?

- 趣味は 何ですか。
  슈 미 와   난 데 스 까

  취미는 무엇입니까?

- おとうさんは おいくつですか。
  오 또―   산 와 오이 꾸쯔 데 스 까

  아버님은 연세가 몇이신가요?

- あなたは 何人兄弟ですか。
  아 나 따 와   난 닝교―다이데 스 까

  당신은 몇 형제입니까?

재미있는 ➡ 의성어 · 의태어

➡ ぱくぱく	(빠구빠구)	덥석덥석, 빠끔빠끔
➡ にやにや	(니야니야)	빙긋, 히죽해죽
➡ ちりぢり	(치리지리)	뿔뿔이, 산산이
➡ ぶつぶつ	(부쯔부쯔)	투덜투덜, 중얼중얼
➡ ぶるぶる	(부루부루)	부들부들, 덜덜
➡ ぺろぺろ	(뻬로뻬로)	날름날름, 할짝할짝

관용적으로 쓰이는 말이므로 습관적으로 익혀두면 쓸모가 많아요.

■ おなかが出る。
오 나 까 가 데 루
배가 나오다.

■ まちぼうけをくう。
마 찌 보 ― 께 오 쿠 ―
바람맞다.

■ あかをおとす。
아 까 오 오 또 스
때를 벗기다.

■ 日記をつける。
닉 끼 오 츠 께 루
일기를 쓰다.

■ いねむりをする。
이 네 무 리 오 스 루
꾸벅꾸벅 졸다.

■ ぼろを出す。
보 로 오 다 스
들통나다.

■ 目の毒。
메 노 도 꾸
모르는 게 약.

쉽게 익히는 생활용어

ノート	노―또	노트	鉛筆(えんぴつ) 엠삐쯔	연필
シャープ	샤―뿌	샤프	のり 노리	풀
はさみ	하사미	가위	けしゴム 케시고무	지우개
ホチキス	호찌끼스	스테이플러	刀(かたな) 카따나	칼
ふでばこ	후데바꼬	필통	じょうぎ 죠―기	자

1 빈칸에 알맞은 말을 넣으시오.

(1) そこに 名前(なまえ)を 書(か)_____ てください。

(2) たばこを す_____ ないでください。

(3) あまり うす_____ しないでください。

2 다음을 일본어로 옮기시오.

(1) 잠깐 기다려 주십시오.

→_____

(2) 아무것도 쓰지 말아 주십시오.

→_____

(3) 테이프는 금요일까지 돌려주십시오.

→_____

해 답 ....

1. (1) い (2) わ (3) く

2. (1) ちょっと 待(ま)ってください。
(2) 何(なに)も 書(か)かないでください。
(3) テープは 金曜日(きんようび)までに 返(かえ)してください。

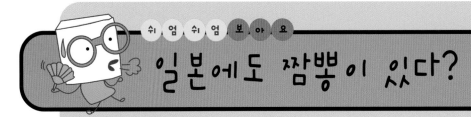

일본에도 짬뽕이 있다?

우리 나라에선 중국집 음식의 대표적인 것으로 알려져 있는 짬뽕! 그 국물 맛이 조금은(아니 아주 많이) 우리 입맛과 맞아 성인들의 심심찮은 요기거리가 되고 있는 그 유명한 짬뽕. 그런데 그러한 짬뽕이 과연 일본에도 있을까?

물론 대답은 ○이다. 맛 자체는 그네들화하여 맵지 않게 만들긴 했지만 말이다. 글쎄, 長崎(ながさき)チャンポン이라면 들어보신 적이 있을라나? 체인점도 많으니 일본에 가시면 한번 드셔보시는 것이 어떨까?

➡️ **同病相憐む** (どうびょうあいあわれむ)   동병상련
도―보―아이아와레무

➡️ **臨機応変** (りんきおうへん)   임기응변
링끼오―헹

부록 I

바로바로 써먹는 동사

바로바로 써먹는 형용사

바로바로 써먹는 명사형용사

見る (みる 미루)	보다	聞く (きく 기꾸)	듣다
話す (はなす 하나스)	말하다	言う (いう 유ー)	말하다
来る (くる 쿠루)	오다	食べる (たべる 타베루)	먹다
考える (かんがえる 캉가에루)	생각하다	行く (いく 이꾸)	가다
出す (だす 다스)	내다	売る (うる 우루)	팔다
買う (かう 카우)	사다	払う (はらう 하라우)	지불하다
やる (야루)	주다	もらう (모라우)	받다
書く (かく 카꾸)	쓰다	読む (よむ 요무)	읽다
誘う (さそう 사소ー)	권하다	ことわる (코또와루)	거절하다
飲む (のむ 노무)	마시다	働く (はたらく 하따라꾸)	일하다
待つ (まつ 마쯔)	기다리다	呼ぶ (よぶ 요부)	부르다
知る (しる 시루)	알다	借りる (かりる 카리루)	빌리다
着る (きる 키루)	입다	持つ (もつ 모쯔)	들다
習う (ならう 나라우)	배우다	休む (やすむ 야스무)	쉬다
降りる (おりる 오리루)	내리다	乗る (のる 노루)	타다

214

おいしい (오이시―)	맛있다		まずい (마즈이)	맛없다
よい (요이)	좋다		悪い (わるい 와루이)	나쁘다
遠い (とおい 토―이)	멀다		近い (ちかい 치까이)	가깝다
早い (はやい 하야이)	빠르다		遅い (おそい 오소이)	느리다, 늦다
新しい (あたらしい 아따라시―)	새롭다		古い (ふるい 후루이)	낡다
長い (ながい 나가이)	길다		短い (みじかい 미지까이)	짧다
高い (たかい 타까이)	비싸다		安い (やすい 야스이)	싸다
大きい (おおきい 오―끼―)	크다		小ない (ちいさい 치이사이)	작다
多い (おおい 오―이)	많다		少ない (すくない 스꾸나이)	적다
熱い (あつい 아쯔이)	뜨겁다		冷たい (つめたい 츠메따이)	차갑다
重い (おもい 오모이)	무겁다		軽い (かるい 카루이)	가볍다
うつくしい (우쯔꾸시―)	아름답다		きたない (키따나이)	더럽다
広い (ひろい 히로이)	넓다		狭い (せまい 세마이)	좁다
うれしい (우레시―)	기쁘다		悲しい (かなしい 카나시―)	슬프다
難しい (むずかしい 무즈까시―)	어렵다		易しい (やさしい 야사시―)	쉽다

きれいだ (키레ー다)	깨끗하다, 예쁘다	好きだ (すきだ 스끼다)	좋아하다
嫌いだ (きらいだ 키라이다)	싫어하다	はでだ (하데다)	화려하다
上手だ (じょうずだ 죠ー즈다)	잘하다, 능숙하다	大切だ (たいせつだ 타이세쯔다)	중요하다
下手だ (へただ 헤따다)	서투르다	静かだ (しずかだ 시즈까다)	조용하다
にぎやかだ (니기야까다)	떠들썩하다	同じだ (おなじだ 오나지다)	같다
元気だ (げんきだ 겡끼다)	건강하다	すてきだ (스떼끼다)	멋지다
大丈夫だ (だいじょうぶだ 다이죠ー부다)	괜찮다, 틀림없다	まじめだ (마지메다)	성실하다
けっこうだ (켁꼬ー다)	괜찮다, 좋다	確かだ (たしかだ 타시까다)	확실하다
いやだ (이야다)	싫다	真剣だ (しんけんだ 신껜다)	진지하다
のどかだ (노도까다)	화창하다	勝手だ (かってだ 캇떼다)	제멋대로다
残念だ (ざんねんだ 잔넨다)	유감이다	豊かだ (ゆたかだ 유따까다)	풍족하다
じみだ (지미다)	수수하다	さわやかだ (사와야까다)	상쾌하다
朗らかだ (ほがらかだ 호가라까다)	명랑하다	主だ (おもだ 오모다)	중요하다
不思議だ (ふしぎだ 후시기다)	이상하다	丈夫だ (じょうぶだ 죠ー부다)	건강하다
速やかだ (すみやかだ 스미야까다)	신속하다	あたりまえだ (아따리마에다)	당연하다

히라가나
가타카나

日本語を学ぼう

 히라가나

	あ行	か行	さ行	た行	な行	は行	ま行	や行	ら行	わ行	ん行
あ段	あ [a]	か [ka]	さ [sa]	た [ta]	な [na]	は [ha]	ま [ma]	や [ya]	ら [ra]	わ [wa]	ん [ŋ]
い段	い [i]	き [ki]	し [si]	ち [chi]	に [ni]	ひ [hi]	み [mi]		り [ri]		
う段	う [u]	く [ku]	す [su]	つ [tsu]	ぬ [nu]	ふ [hu]	む [mu]	ゆ [yu]	る [ru]		
え段	え [e]	け [ke]	せ [se]	て [te]	ね [ne]	へ [he]	め [me]		れ [re]		
お段	お [o]	こ [ko]	そ [so]	と [to]	の [no]	ほ [ho]	も [mo]	よ [yo]	ろ [ro]	を [wo]	

 가타카나

	ア行	カ行	サ行	タ行	ナ行	ハ行	マ行	ヤ行	ラ行	ワ行	
ア段	ア [a]	カ [ka]	サ [sa]	タ [ta]	ナ [na]	ハ [ha]	マ [ma]	ヤ [ya]	ラ [ra]	ワ [wa]	ン [ŋ]
イ段	イ [i]	キ [ki]	シ [si]	チ [chi]	ニ [ni]	ヒ [hi]	ミ [mi]		リ [ri]		
ウ段	ウ [u]	ク [ku]	ス [su]	ツ [tsu]	ヌ [nu]	フ [hu]	ム [mu]	ユ [yu]	ル [ru]		
エ段	エ [e]	ケ [ke]	セ [se]	テ [te]	ネ [ne]	ヘ [he]	メ [me]		レ [re]		
オ段	オ [o]	コ [ko]	ソ [so]	ト [to]	ノ [no]	ホ [ho]	モ [mo]	ヨ [yo]	ロ [ro]	ヲ [wo]	

あ 행

あ

あ	い	う	え	お
[a:아]	[i:이]	[u:우]	[e:에]	[o:오]
ア	イ	ウ	エ	オ

				あさ [아사] 아침	あさ
あ	あ	あ	あ		あさ
い	い	い	い	いし [이시] 돌	いし
					いし
う	う	う	う	うえ [우에] 위	うえ
					うえ
え	え	え	え	えき [에끼] 역	えき
					えき
お	お	お	お	おい [오이] 조카	おい
					おい

활용단어

あい	사랑	いえ	집
え	그림	うお	물고기

220

か행 か

か	き	く	け	こ
[ka:카]	[ki:키]	[ku:쿠]	[ke:케]	[ko:코]
カ	キ	ク	ケ	コ

か	か か か		かお [카오] 얼굴	かお
			かお	
き	き き き		きく [키꾸] 국화	きく
			きく	
く	く く く		くつ [쿠쯔] 구두	くつ
			くつ	
け	け け け		けしき [케시끼] 경치	けしき
			けしき	
こ	こ こ こ		こえ [코에] 목소리	こえ
			こえ	

활용단어

かき　감　　　　　　きん　금
くい　말뚝　　　　　ここ　여기

221

さ [sa:사] サ	し [si:시] シ	す [su:스] ス	せ [se:세] セ	そ [so:소] ソ

さ	さ	さ	さ	さけ [사케] 술	さけ
				さけ	
し	し	し	し	しし [시시] 사자	しし
				しし	
す	す	す	す	すし [스시] 초밥	すし
				すし	
せ	せ	せ	せ	せき [세끼] 좌석	せき
				せき	
そ	そ	そ	そ	そら [소라] 하늘	そら
				そら	

활용단어

さかな	생선	あし	다리
せんせい	선생님	そこ	거기

た행

た

た [ta:타] タ	ち [chi:치] チ	つ [tsu:츠] ツ	て [te:테] テ	と [to:토] ト	

た	た	た	た		
ち	ち	ち	ち	**たつ** [타쯔] 서다	たつ
				たつ	
つ	ち	ち	ち	**ちず** [치즈] 지도	ちず
				ちず	
て	つ	つ	つ	**つくえ** [츠꾸에] 책상	つくえ
				つくえ	
と	て	て	て	**てら** [테라] 절	てら
				てら	
	と	と	と	**とし** [토시] 나이	とし
				とし	

たかい	높다	ちち	아버지
て	손	おと	소리

활용단어

な행 な

な	に	ぬ	ね	の
[na:나]	[ni:니]	[nu:누]	[ne:네]	[no:노]
ナ	ニ	ヌ	ネ	ノ

な	な	な	な	**なつ** [나쯔] 여름	なつ
				なつ	
に	に	に	に	**におい** [니오이] 냄새	におい
				におい	
ぬ	ぬ	ぬ	ぬ	**ぬの** [누노] 천	ぬの
				ぬの	
ね	ね	ね	ね	**ねこ** [네꼬] 고양이	ねこ
				ねこ	
の	の	の	の	**のり** [노리] 풀	のり
				のり	

활용단어	なし	배	にく 고기
	ねがい	소망	のり 김

は	は	は	は		**はな** [하나] 꽃	はな
					はな	
ひ	ひ	ひ	ひ		**ひと** [히또] 사람	ひと
					ひと	
ふ	ふ	ふ	ふ		**ふね** [후네] 배	ふね
					ふね	
へ	へ	へ	へ		**へそ** [헤소] 배꼽	へそ
					へそ	
ほ	ほ	ほ	ほ		**ほし** [호시] 별	ほし
					ほし	

활용단어	はは	(내)어머니	ひも	끈
	へや	방	ほね	뼈

225

ま행　　　　　　　　　　ま

ま [ma:마] マ	み [mi:미] ミ	む [mu:무] ム	め [me:메] メ	も [mo:모] モ

ま	ま	ま	ま	**まめ** [마메] 콩	まめ
				まめ	
み	み	み	み	**みみ** [미미] 귀	みみ
				みみ	
む	む	む	む	**むかし** [무까시] 옛날	むかし
				むかし	
め	め	め	め	**め** [메] 눈	め
				め	
も	も	も	も	**もち** [모찌] 떡	もち
				もち	

활용단어	まめ 콩	みそ 된장
	むり 무리	めいし 명함

226

や	や や や		**やま** [야마] 산	やま
			やま	
ゆ	ゆ ゆ ゆ		**ゆき** [유끼] 눈	ゆき
			ゆき	
よ	よ よ よ		**よい** [요이] 좋다	よい
			よい	

▶ や행의 「い」단과 「え」단은 あ행의 「い」단, 「え」단과 같다.

활용단어	いや	싫다	ゆめ 꿈
	よむ	읽다	よる 밤

| | [ra:라]
ラ | [ri:리]
リ | [ru:루]
ル | [re:레]
レ | [ro:로]
ロ |

ら	ら	ら	ら		さら [사라] 접시	さら
					さら	
り	り	り	り		えり [에리] 깃	えり
					えり	
る	る	る	る		さる [사루] 원숭이	さる
					さる	
れ	れ	れ	れ		これ [코레] 이것	これ
					これ	
ろ	ろ	ろ	ろ		ろば [로바] 당나귀	ろば
					ろば	

활용단어

さくら　벚꽃　　　りんご　사과
はる　봄　　　ろうか　복도

わ행 わ

		を		ん
わ [wa:와] ワ		を [wo:오] ヲ		ん [n:응] ン

					わかい	わかい
わ	わ	わ	わ		[와까이] 젊다	
					わかい	
を	を	を	を		**これを** [코레오] 이것을	これを
					これを	
ん	ん	ん	ん		**はんたい** [한따이] 반대	はんたい
					はんたい	

활용단어

わるい	나쁘다	わらう	웃다
わいろ	뇌물	わる	나누다

ア행 ア

[a:아]	[i:이]	[u:우]	[e:에]	[o:오]
ア	イ	ウ	エ	オ

ア	ア ア ア			**アイスクリーム** [아이스꾸리-무] 아이스크림	アイスクリーム
					アイスクリーム
イ	イ イ イ			**イギリス** [이기리스] 영국	イギリス
					イギリス
ウ	ウ ウ ウ			**ウィスキー** [위스까-] 위스키	ウィスキー
					ウィスキー
エ	エ エ エ			**エア** [에아] 공기	エア
					エア
オ	オ オ オ			**オアシス** [오아시스] 오아시스	オアシス
					オアシス

활용단어	アカシア 아카시아	エレベーター 엘리베이터

230

力 행

カ [ka:카]	キ [ki:키]	ク [ku:쿠]	ケ [ke:케]	コ [ko:코]

					カメラ [카메라] 카메라	カメラ
カ	カ	カ	カ			カメラ
キ	キ	キ	キ		キー [키-] 열쇠	キー
						キー
ク	ク	ク	ク		クッキー [쿳끼-] 쿠키	クッキー
						クッキー
ケ	ケ	ケ	ケ		ケーキ [케-끼] 케이크	ケーキ
						ケーキ
コ	コ	コ	コ		ココア [코꼬아] 코코아	ココア
						ココア

활용단어	**カカオ** 카카오	**コーヒー** 커피

231

サ [sa:사]	**シ** [si:시]	**ス** [su:스]	**セ** [se:세]	**ソ** [so:소]

サ	サ サ サ		**サーカス** [사-까스] 서커스	サーカス
				サーカス
シ	シ シ シ		**システム** [시스떼무] 시스템	システム
				システム
ス	ス ス ス		**スイス** [스이스] 스위스	スイス
				スイス
セ	セ セ セ		**セール** [세-루] 세일	セール
				セール
ソ	ソ ソ ソ		**ソウル** [소우루] 서울	ソウル
				ソウル

サイクル 사이클　　**スキー** 스키

タ행　　　　　　　　　　タ

タ	チ	ツ	テ	ト
[ta:타]	[chi:치]	[tsu:츠]	[te:테]	[to:토]

タ	タ	タ	タ	**タイ** [타이] 태국	タイ
					タイ
チ	チ	チ	チ	**チータ** [치-따] 치타	チータ
					チータ
ツ	ツ	ツ	ツ	**ツアー** [츠아-] 투어	ツアー
					ツアー
テ	テ	テ	テ	**テーブル** [테-부루] 테이블	テーブル
					テーブル
ト	ト	ト	ト	**トースト** [토-스또] 토스트	トースト
					トースト

활용단어　　タバコ　담배　　　　　トイレ　화장실

233

ナ행   ナ

ナ [na:나]	ニ [ni:니]	ヌ [nu:누]	ネ [ne:네]	ノ [no:노]

				ナイフ [나이후] 나이프	ナイフ
ナ	ナ	ナ	ナ		ナイフ
ニ	ニ	ニ	ニ	ニコチン [니꼬찡] 니코틴	ニコチン
					ニコチン
ヌ	ヌ	ヌ	ヌ	ヌード [누-도] 누드	ヌード
					ヌード
ネ	ネ	ネ	ネ	ネクタイ [네꾸따이] 넥타이	ネクタイ
					ネクタイ
ノ	ノ	ノ	ノ	ノート [노-또] 노트	ノート
					ノート

활용단어	ナイトウエア 나이트웨어　ヌードル 누들, 국수

234

ハ	ヒ	フ	ヘ	ホ
[ha:하]	[hi:히]	[hu:후]	[he:헤]	[ho:호]

				ハーブ [하-부] 허브	ハーブ
ハ	ハ	ハ	ハ		ハーブ
ヒ	ヒ	ヒ	ヒ	ヒール [히-루] 힐	ヒール
					ヒール
フ	フ	フ	フ	ファン [환] 팬	ファン
					ファン
ヘ	ヘ	ヘ	ヘ	ヘッド [헷도] 머리	ヘッド
					ヘッド
ホ	ホ	ホ	ホ	ホテル [호떼루] 호텔	ホテル
					ホテル

활용단어 | ハイキング 등산 | ヘアスタイル 헤어스타일

マ	ミ	ム	メ	モ
[ma:마]	[mi:미]	[mu:무]	[me:메]	[mo:모]

マ	マ	マ	マ		**マグマ** [마구마] 마그마	マグマ
					マグマ	
ミ	ミ	ミ	ミ		**ミサイル** [미사이루] 미사일	ミサイル
					ミサイル	
ム	ム	ム	ム		**ムード** [무-도] 무드	ムード
					ムード	
メ	メ	メ	メ		**メキシコ** [메키시코] 멕시코	メキシコ
					メキシコ	
モ	モ	モ	モ		**モスクワ** [모스쿠와] 모스크바	モスクワ
					モスクワ	

활용단어   **マイク**   마이크   **メロン**   메론

ヤ행

ヤ

ヤ		ユ		ヨ
[ya:야]		[yu:유]		[yo:요]

ヤ	ヤ	ヤ	ヤ	**ヤクルト** [야쿠루토] 야쿠르트	ヤクルト
					ヤクルト
ユ	ユ	ユ	ユ	**ユネスコ** [유네스코] 유네스코	ユネスコ
					ユネスコ
ヨ	ヨ	ヨ	ヨ	**ヨット** [욧토] 요트	ヨット
					ヨット

▶ ヤ행의 「イ」단과 「エ」단은 ア행의 「イ」단, 「エ」단과 같다.

활용단어

インスタント	인스턴트	ユニホーム	유니폼

ラ행 ラ

ラ	リ	ル	レ	ロ
[ra:라]	[ri:리]	[ru:루]	[re:레]	[ro:로]

ラ	ラ	ラ	ラ		**ライオン** [라이옹] 사자	ライオン
					ライオン	
リ	リ	リ	リ		**リボン** [리봉] 리본	リボン
					リボン	
ル	ル	ル	ル		**ルーマニア** [루마니아] 루마니아	ルーマニア
					ルーマニア	
レ	レ	レ	レ		**レモン** [레몽] 레몬	レモン
					レモン	
ロ	ロ	ロ	ロ		**ロシア** [로시아] 러시아	ロシア
					ロシア	

활용단어
ラーメン 라면　　　レベル 레벨

238

ワ	ヲ		ン	
[wa:와]	[wo:오]		[n:응]	

					ワイン	ワイン
ワ	ワ	ワ	ワ		[와잉] 와인	
					ワイン	
ヲ	ヲ	ヲ	ヲ			

					パン	パン
ン	ン	ン	ン		[팡] 빵	
					パン	

활용단어　　**ワイシャツ**　와이셔츠　　　**ワイヤレス**　무선전신

メモ用紙